高校人力资源管理与行政改革探究

霍　岩◎著

文化发展出版社
Cultural Development Press
·北京·

图书在版编目（CIP）数据

高校人力资源管理与行政改革探究 / 霍岩著．— 北京 : 文化发展出版社，2023.12
ISBN 978-7-5142-4252-2

Ⅰ．①高… Ⅱ．①霍… Ⅲ．①高等学校－人力资源管理－研究②高等学校－行政管理－体制改革－研究 Ⅳ．① G647.2

中国国家版本馆 CIP 数据核字 (2024) 第 024771 号

高校人力资源管理与行政改革探究

霍　岩　著

出 版 人：宋　娜
责任编辑：任秀颖　　　　责任校对：岳智勇
责任印制：邓辉明　　　　封面设计：张秋艳
出版发行：文化发展出版社（北京市翠微路 2 号　邮编：100036）
网　　址：www.wenhuafazhan.com
经　　销：全国新华书店
印　　刷：天津和萱印刷有限公司

开　　本：710mm × 1000mm　1/16
字　　数：205 千字
印　　张：10.25
版　　次：2025 年 1 月第 1 版
印　　次：2025 年 1 月第 1 次印刷

定　　价：72.00 元
I S B N：978-7-5142-4252-2

前　　言

人力资源管理是指在经济学与人本思想指导下，通过招聘、选拔、培训、报酬等管理形式对组织内外相关人力资源进行有效运用，满足组织当前及未来发展的需要，保证组织目标实现与成员发展最大化的一系列活动的总称。它是预测组织人力资源需求并制订人力需求计划、招聘选择人员并进行有效组织、考核绩效支付报酬并进行有效激励、结合组织与个人需要进行有效开发以便实现最优组织绩效的全过程。

伴随着中国科技水平的飞速发展，各行各业都在不断地推陈出新适应发展，而教育是国家发展的基础，教育强则国强，因此，高校人力资源管理便显得尤为重要。加强高校人力资源管理理论研究，对不适应时代要求的旧制度进行全面的、整体的、本质的、深刻的变革，有助于建立高校人力资源的良性发展机制，促进高校与社会经济协调发展。

当前，我国社会经济正呈现快速发展之势，然而，各国对人才的竞争依然趋于白热化，高校人才培养作为中心任务并未改变。在此背景下，高校在谋求生存与发展过程中，务必更新管理理念，不仅要加强人力资源管理，还需适应时代需求，不断推进行政体制改革。

在应对挑战、谋求发展时，高校高水平的行政管理、行政管理模式的科学性、行政管理方法的有效性，将极大地提高高等教育的质量。特别是随着高等教育改革的进行，制度创新和技术创新可以有效地提高高校的行政管理水平。只有转变传统的管理理念，将目标明确下来，不断更新管理方式，并加强人才队伍的建设，才能有效推进高校行政管理的改革进程，才能促进我国教育事业的良好发展，从而为国家培养创新型人才提供保障。

本书共六章。第一章为高校人力资源管理概述，分别介绍了高校人力资源管理的内涵与特征，高校人力资源管理的相关理论基础，高校人力资源管理的意义、目标和内容，高校人力资源管理制度四个方面的内容；第二章为高校人力资源的招聘管理，主要介绍了四个方面的内容，依次是高校人力资源招聘、高校人力资源的招聘流程与聘任制、高校人力资源招聘中的人才测评、高校人力资源招聘中存在的问题及对策；第三章为高校人力资源的绩效管理，主要介绍了五个方面的内容，依次是高校教师的绩效管理、高校管理人员的绩效管理、高校教辅人员的绩效管理、高校辅导员的绩效管理、高校人力资源绩效管理创新策略；第四章为高校人力资源的薪酬管理，依次介绍了高校人力资源薪酬管理概述、高校人力资源薪酬体系设计、国外高校人力资源薪酬管理现状、我国高校人力资源薪酬管理中存在的问题和改进措施四个方面的内容；第五章为高校行政改革概况，主要介绍了四个方面的内容，分别是高校行政改革面临的现实问题，高校行政改革的必要性、依据和影响因素，高校行政改革的目标与方向，高校行政改革的意义与措施；第六章为高校行政改革对策，主要介绍了四个方面的内容，分别是高校行政运行模式改革、建立高等教育行政审计机制、建立高等教育行政激励机制、建立高等教育行政协调机制。

在撰写本书的过程中，作者参考了大量的学术文献，得到了许多专家学者的帮助，在此表示真诚感谢。本书内容系统全面，论述条理清晰、深入浅出。由于作者水平有限，书中难免有疏漏之处，希望广大同行及时指正。

霍　岩

2023 年 6 月

目　录

第一章　高校人力资源管理概述

人力资源是第一资源，人才资本是第一资本。人力资源不仅是社会发展的关键，也是高校发展的核心。我们研究高校人力资源管理，其目的就是要将各类人力资源整合到各项活动中，开发其潜能，将其转化为资本，实现高校的发展目标。研究高校人力资源管理，可使各项工作形成有机整体，充分调动人的积极性、创造性，使各项工作职能得到充分体现，推动高校内部的深层改革，全面提高办学效益。本章为高校人力资源管理概述，分别介绍了高校人力资源管理的内涵与特征、高校人力资源管理的相关理论基础，高校人力资源管理的意义、目标和内容，高校人力资源管理制度四个方面的内容。

第一节　高校人力资源管理的内涵与特征

在当今社会，将人视为资源的观念已逐渐深入人心，研究和探讨人力资源管理，可以促进高校实现可持续发展，全面实施人才强校战略。

一、人力资源的定义及特征

“人力资源”是人们耳熟能详的词语，但人们对“人力资源”范畴的认识，素来有多种观点。在此，我们对人力资源的内涵与外延进行分析，以便能准确地把握这一概念。

（一）人力资源的定义

学术界对“人力资源”的定义做出过多种界定。

①人力资源是指一个国家或地区拥有的具有劳动能力的人口的总和。

②人力资源是指能够推动整个经济和社会发展的劳动者的能力，即处在劳动年龄的已直接投入建设或尚未投入建设的人口的能力。

③人力资源是指劳动力资源或称人手，它是由全部人口中有劳动能力的那一部分人口构成的。

④人力资源是指一切为社会创造物质文化财富、为社会提供劳务和服务的人。

⑤人力资源是指具有智力劳动能力或体力劳动能力的人的总称。

⑥人力资源是指包含在人体内的一种能力，若这种能力未发挥出来，它就是潜在的劳动生产力；若发挥出来，它就变成现实的劳动生产力。

尽管上述定义的具体表述各不相同，但它们蕴含着重要的共同点——“人”和“劳动能力”，而这恰恰是人力资源最为本质的要素。首先，人力资源只能来自人，它不可能从任何其他物质中孕育出来。其次，任何人都不能仅仅因为是“人”而无条件地成为人力资源。事实上，不具备或丧失了劳动能力的人不是可资利用的宝贵资源。再次，“人”和“劳动能力”缺一不可，只有两者同时具备，方能成为人力资源①。据此，我们可以将人力资源定义为：包含在人体内的一种生产能力，是表现在劳动者身上的、以劳动者的数量和质量表示的资源。从更广义的角度上看，只要作为生产要素正在使用或尚未开发的劳动人口都可以视为人力资源。人力资源可分为正在使用的人力资源和尚未开发的人力资源两部分。正在使用的人力资源是指在组织内实际从事各种经济社会活动的人；尚未开发的人力资源是指未参加各种经济社会活动的人。

（二）人力资源的特征

人力资源作为一种特殊资源具有下列特征。

1. 时代性

任何人都是在一定的环境背景下成长的，必然会打上时代的烙印。一个时代的社会状况，都会影响和制约在这个时代中成长和发展起来的人，使其具有特定的价值观念、道德观念和认知方式等。因此，在对人的管理中，要把人放到其成长的大背景下去考虑，这样才能在人力资源开发过程中确立目标和方向。

2. 能动性

人在生产力要素中是最积极、最活跃的要素，人具有主观能动性，能主动地、有目的地、有意识地认识世界和改造世界。人力资源具有引导、操纵、控制其他资源的功能。人力资源的能动性可以推动社会发展。对人的能动性调动得好坏，直接决定着人力资源开发的程度和水平。因此，激发和维护人的积极性、主动性和创造性始终是人力资源管理的精髓。

---

① 郭继东．学校人力资源管理[M]．天津：天津教育出版社，2006.

3. 时效性

每个人的一生都要经历一些特定的生理和心理发展阶段，每个发展阶段都有其成长的特性。在人的儿童和少年时期，人力资源尚处于储备阶段。人在青壮年时期生理与心理都比较成熟，体力充沛，同时随着工作经验的积累和个人素质的提升，人在工作中也会保持最佳状态。在这个时期，组织要开发和利用好人力资源，使人的贡献最大化。如果组织对人力资源储而不用，或没有充分地对其开发使用，按照素质衰退理论，一方面可能导致人的才能逐渐退化，甚至消失；另一方面，过了最佳的生理、心理时期，人的综合素质能力就开始从顶峰下降。这就是人力资源使用的时效性。

4. 再生性

与物质资源的一次性开发不同，人力资源在成长和使用的过程中可以被不断地开发。基于人口的再生产和劳动力的再生产，通过人口总体内个体的不断更替和劳动力的再生产过程，人力资源可以不断地再生产出来，世世代代延续下去。人的体能消耗到一定程度，经过休息可以再生。人的知识陈旧，也可以通过学习加以更新。因此，组织可以通过各种渠道和方式，促使人力资源在使用中被不断地开发出来，而且当人力资源经过每一次新的开发后，其各种能力能够不断积累起来，以往开发出来的能力会在新的开发中发挥作用。这又被称为人力资源的“蓄电池”理论。

5. 高增值性

人力资源的高增值性体现为：对人力资本的投入，能够获得高附加值的回报，而且人力资本体现出收益递增的规律。人力资源投资收益率在明显地上升，同时劳动者自己可支配的收入也在增加。人力资源的收益份额正在迅速超过其他资源，人力资源的经济价值呈不断上升的趋势。

二、人力资源管理的含义与特征

（一）人力资源管理的含义

人力资源管理是现代组织的一项基本管理职能，它是以提高劳动生产率和工作生活质量为目的，对组织内人力资源进行预测、规划、考录招聘、培训、绩效考评、薪酬福利发放等各种管理活动的总和。

（二）人力资源管理的特征

随着社会的变迁，当前人力资源管理呈现出以下几个特征[①]。

①在管理理念上，人力资源为一切资源中最宝贵的资源，经过开发的人力资源可以增值，能给组织带来巨大的效益。人力资源管理部门则逐步变为组织的效益部门，讲究投入和产出，通过建立良好的用人机制，以及对人力资源的再投资，达到人力资源的合理配置，并不断优化人力资源，为组织创造价值。追求的效益包括人才效益、经济效益和社会效益的统一，还包括短期效益和长期效益的结合。

②在管理内容上，现代人力资源管理以人为中心，将人作为一种重要资源加以开发、利用和管理，重点是开发人的潜能、激发人的活力，使员工能积极主动和有创造性地开展工作。

③在管理形式上，现代人力资源管理属于动态管理，强调整体开发。也就是说，对员工不仅安排工作，还要根据组织目标和员工状况，为其做好职业生涯设计，不断对其进行培训，以及进行横向及纵向的岗位或职位调整，充分发挥员工才能，量才使用，人尽其才。

④在管理方式上，现代人力资源管理采取人性化管理，考虑人的情感、自尊与价值，以人为本，多激励、少惩罚，多表扬、少批评，多授权、少命令，发挥每个人的特长，体现每个人的价值。

⑤在管理策略上，现代人力资源管理不仅注重对近期或当前具体事宜的解决，更注重对人力资源的整体开发、预测与规划。根据组织的长远目标，制定人力资源的开发战略措施，属于战术性与战略性相结合的管理。

⑥在管理技术上，现代人力资源管理追求科学性和艺术性的结合，不断采用新的技术和方法，完善考核系统、测评系统等。

⑦在管理体制上，现代人力资源管理多为主动开发型，根据组织的现状、未来，有计划、有目标地开展工作。例如，制定人力资源规划、实施人才引进培养、决定薪资报酬等，工作的主动性较大。

⑧在管理手段上，现代人力资源管理的信息检索、报表制作、核算、测评、招聘等均由计算机自动生成结果。

⑨在管理层次上，现代人力资源管理部门处于决策层，直接参与组织的计划和决策，是组织的最重要的高层决策部门之一。

---

① 张俊生．公共部门人力资源管理[M]．北京：首都经济贸易大学出版社，2008．

三、高校人力资源管理的内涵

高校人力资源特指高等教育机构中具有工作能力的教育工作者，是指能够促进高校教育事业进一步发展，能够为国家和社会在政治、经济、科技等方面做出贡献，为培养高素质人才发挥作用的人员，主要包括高校的科教人员、管理人员、后勤人员等。

高校人力资源管理是指运用科学的方法，遵循人才发展规律，结合高校当前任务，对学校各岗位人员进行合理规划与组织，对人事关系进行指导、协调与控制，做好教职工的聘用、培训考核、工资福利等工作，以实现高效率与高效益地利用人力资源的目标。

四、高校人力资源管理的特征

人力资源管理是高校管理中重要的一环，根据高校人力资源自身的特征，高校人力资源管理方式也应该随之改变。随着国内外形势的深刻变化，在当今社会不断变革和新时期人才市场竞争环境下，高校人事管理的概念和管理机制已发生重大变化，正在由传统的人事管理向人才管理方向发展。

高校人力资源的主要特点是知识型教职员工占主导地位。高校教师绝大多数接受过系统的教育，知识能力相对高于社会平均水平，对精神层面的需求也明显更高。高校教师在教书育人和科研创新的过程中，寻求自我价值的实现，从而获得社会的承认和事业的发展。然而，受传统教育体制的影响，许多高校的人力资源组成复杂，高校教职工在知识、能力、教育背景等方面存在较大差异，因而高校人力资源管理较为复杂，需要采取差异化的管理方式，充分挖掘各类型人力资源的潜力。高校人力资源类型多样、工作内容和社会角色重要，与企业相比，除了合理配置高校人力资源、提升人力资源开发力度、激发人的积极性和创造性等人力资源管理共同特征，高校人力资源管理还具有自身独有的特征。

（一）高校人力资源的创造性与智力性

高校是各类型高水平人才的聚集之地，高校教师具有很强的创造性与智力性。在经济范畴中，与效率一般的普通工人相比，效率很高的工人的劳动一般会有 30%～50% 的余量。在知识经济范畴中，劳动的创造性和智力性是劳动价值的主要体现方式，知识型技术人员的劳动价值一般是普通工人的 5 倍[①]。此外，在经

① 王铮．新时期高校人力资源管理信息化建设研究：评《高校人力资源管理信息化建设：基于“双一流”建设背景》[J]．中国党政干部论坛，2020（11）：102．

济社会中，同质劳动力的可替代性是很强的。在信息社会中，人才技能的特殊性和独特性使得其替代可能性明显降低。

（二）高校人力资源的激励性

基于高校教师的优质性特点，根据马斯洛需要层次理论，高校教师的精神追求和心理需求具有明显的特点。同普通员工相比，广大高校教师比较注重工作环境氛围和自由的工作时间，主要表现为：第一，注重自身的劳动价值和劳动成果被认可。第二，注重劳动结果的完美度。高校教师一般都具有很强的自我满足意识，将完成挑战性工作的视为实现自身价值的方式，这会使他们产生持久、强大而相对稳定的进取精神，力求呈现完美结果。

（三）高校人力资源的使用时效性与可再生性

高校人力资源具有极强的使用时效性。一位教师无论具有多高的学术水平和人才培养能力，也只能代表他在特定时期具有较高的人力资本积累。如果这位教师无法做到与时俱进，无法紧跟知识和科技发展的潮流，其人力资本价值也会相应降低。同时，人力资源也具有一定的可再生性，被耗损的人力资源在一定程度上是可以再生的。教师的人力资本再生是通过持续学习实现的，而不是通过一次性的投资产生的。因此，想要实现教师素质和能力的提升，需要对教师不断进行培养和投入，以维护他们的内在人力资源价值。

（四）高校人力资源的流动性

人是人力资本的载体，人力资本会随着人的流动而流动，因此流动性是人力资本和实物资本的重要差异之一。高校的人才流动是必然的现象，21 世纪的竞争是人才的竞争，高校间的竞争也不例外。竞争过程中有序合理的人才流动是市场经济发展的必然结果，有利于激发人才的最大价值，也有利于实现社会人力资源的优化配置，这是社会进步的体现。

第二节　高校人力资源管理的相关理论基础

21 世纪，人们对人力资源管理水平的要求越来越高。随着多学科的整合与应用，人力资源管理也逐步发展成为综合性、边缘性的应用学科，它与许多学科发生密切联系。为了更好地把握人力资源管理的产生与发展规律，有必要梳理人力资源理论的产生基础。人力资源管理涉及社会学、法学、人类学、人才学、行为科学、领导科学、伦理学、统计学等相关知识。在此主要介绍人力资源管理最直接的理论基础。

一、人力资源管理学的理论

（一）古典管理理论

19世纪末20世纪初，生产力的极大提高，对管理提出了更高的要求，管理理论逐步形成和完善。其中最有代表性的有美国著名经济管理学家弗雷德里克·温斯洛·泰勒、法国管理学家亨利·法约尔、德国管理学家马克斯·韦伯。

1. 泰勒的管理理论

19世纪末20世纪初，泰勒的管理思想影响巨大，引发了现代人事管理理论与实践的一场革命。泰勒本人也被称为“科学管理之父”。泰勒的管理思想主要体现在以下几个方面。

（1）人员素质

一个企业的竞争力取决于人才素质的高低。要获得德智双优的人才，需要进行严格的甄选。

（2）人事相符

将合适的人安排在合适的位置上，每项工作都应挑选一流的工人。

（3）科学培训

运用标准的工作程序对工人进行科学的培训，培养一流的工人。

（4）科学定额

劳动定额应该建立在科学的调查研究基础之上，应成立专门的机构来制定定额。

（5）计划与执行的职能分开

将计划与执行的职能分开，成立“职能式”的组织。管理人员负责计划，工人负责具体执行。将体力劳动与脑力劳动分开，有利于提高效率、降低成本，提高企业生产活力。

（6）实行差别计件工资制

实行差别计件工资制，以工资作为激励杠杆，促使工人更快、更好地完成工作。

2．法约尔的管理理论

法约尔的管理理论成为各种管理理论和管理实践的重要依据，对管理理论的发展有着深刻的影响。法约尔是法国著名的管理学家，与泰勒同属古典管理学派。但与泰勒的工人出身不同，法约尔本人跻身于高级管理人员之列，他以一个经理人的眼光对管理加以审视，将管理活动分为计划、组织、指挥、协调和控制五大管理职能，并提出了关于组织管理和人力资源管理的14项原则：①劳动分工，促进职能专业化；②权责一致，使权利与责任对等；③强调纪律；④个人利益服从整体利益；⑤公平报酬；⑥适度集权；⑦社会秩序，使每个人在适合自己的位置上发挥出最大的潜能；⑧人员稳定，有序安排、补充人力资源，保证人员稳定；⑨人员团结，和谐产生巨大力量；⑩首创精神，这对企业来说是一种巨大的力量；⑪领导者率先示范，领导者的行为都有示范作用；⑫人员素质，包括身体、智力、道德、一般文化、专业知识、经验等；⑬人才培养，从家庭到社会到国家应全方位地培养人；⑭淘汰没有工作能力的人才，以维护工作的高效率。

3．韦伯的管理理论

韦伯被称为“组织理论之父”。韦伯对组织管理理论的伟大贡献在于明确而系统地提出理想的组织应以合理合法的权力为基础，没有某种形式的权力，任何组织都不能达到自己的目标。他推崇集权式的科层组织，被归为“科层模型学派”。“科层”是指组织系统的构成特点和规范。

韦伯的管理思想可以概括为以下几个方面：①要实现劳动分工，将组织中的全部活动划分为各种基本作业，并分配给组织中的成员；②要进行公开招考，合理任用；③对组织成员身份要有理性认识，职务由契约承担，员工个人人身自由；④建立合理的工资制度与升迁制度；⑤要严格纪律与控制，使之不受任何人的感情因素影响，保证制度贯彻执行。

综上，古典管理理论强调组织系统的制度化，强调正式的组织体系和等级结构。但在古典管理学家的眼中，组织系统是一种机械的组织，对这样的组织的管理也称为机械性的管理。因此，古典管理理论忽视了组织中人的社会因素。

（二）行为科学管理理论和系统管理理论

行为科学管理理论产生于20世纪30年代，以美国哈佛大学教授乔治·埃尔顿·梅奥等进行的霍桑实验为标志。梅奥等研究发现，员工的生产力在相当程度上受到情感与态度因素的影响，而员工的情感与态度又受到工作环境的强烈影响，包括群体环境、领导风格和管理者的支持等①。该理论使管理者更加关注组织中的人，改善监督人员的管理工作方式，甚至让员工进行参与式管理，有效地提高了员工的士气，从而提高劳动生产率。梅奥等的研究理论促使行为科学在人事管理中的广泛应用。主管培训、强调对员工的关心与支持、增强员工与管理者之间的沟通等方法被大量地采用，人事管理人员开始设计与实施旨在改进组织内部人际关系的项目，人事管理的职能得到拓展。

系统管理理论源于20世纪60年代奥地利生物学家路德维希·冯·贝塔朗菲创立的一般系统论，它是在对古典管理理论进行修正的基础上，重点研究组织系统的活动过程和各种因素相互作用的理论。它早期的代表为美国的H.A.西蒙和G.C.霍曼斯。该理论认为，所有的管理活动都是团体活动，决策则是许多团体活动的共同结果，而不是等级系列中个人的决定，因此要加强团队参与；正式组织与非正式组织之间有相互的作用，所以管理者要更多研究作为社会系统存在的个人和团体因素的作用②。

二、心理学的相关理论

1879年，德国生理学家威廉·冯特在莱比锡大学成立了第一个心理学实验室，并创办了心理学专业杂志，标志着心理学新纪元的开始。从此，心理学从哲学中分化出来，成为一门独立的学科。心理学是研究人的心理过程、心理状态、个性特征规律和客观现实在人脑中的主观印象及其能动作用规律的学科。

1892年，冯特的学生雨果·闵斯特贝格创立了“工业心理学”，并论述用心理测试的方法选拔员工，研究疲劳及劳动合理化问题，提出通过创造心理条件，使企业获得高效丰产，使工人个人的需要得以满足，从而满足了企业与个人双方的利益需求。从此，工业心理学的研究成果广泛应用于职业选择、劳动合理化及建立最佳工作条件等方面。

美国著名的行政学家伦纳德·D.怀特对政府机关进行了人事管理研究，他的工作对人事心理学的发展做出了积极贡献。此后，管理心理学等心理学分支的发展，均对人事管理的发展起到了巨大的推动作用。由此展开，教育心理学、运动心理学、老年心理学等都成为不同部门从事人事管理工作的人员必须掌握的理论和知识。

---

① 周慧，刘莺，高慧冰．区域基础教育科研绩效管理研究[M].广州：暨南大学出版社，2012.
② 杨涛，张猛．行政管理学教程[M].北京：中国工商出版社，2013.

20世纪20年代形成了现代公共部门人力资源管理的雏形——人事管理。管理学、行政学、心理学理论是公共部门人力资源管理产生并不断深化发展的理论源泉。

三、激励理论

激励理论是管理心理学家从心理学的角度，对人类行为的基本模式加以分析后提出的理论思想。激励是指通过某种手段，去激发人的动机，或通过一定的方法使人处于一定刺激的影响下，从而保持一种兴奋状态的过程。下面介绍几种主要的激励理论。

（一）马斯洛的需要层次理论

需要层次理论是行为科学理论之一，是由美国心理学家马斯洛于1943年在《人类激励理论》论文中提出的。马斯洛将人的需要归纳为七个层次。第一，生理需要，指能够维持人类自身生存的基本需要。第二，安全需要，具体指人对人身、工作、健康、家庭安全、各种保障、社会秩序等方面的安全需要。第三，社交的需要，指人的情感和归属的需要。第四，尊重的需要，指人们自尊和被人尊重的需要，在表象上反映为寻求他人的赏识，寻求荣誉和地位的需要。尊重的需要如果得到满足，可以使人充满信心，对社会充满热情，体验到人活着的用处和价值。第五，求知需要，指人们获得对外部世界认知的欲望。第六，求美的需要，指人们寻求匀称、整齐和美丽的愿望。第七，自我实现的需要，指人们希望通过自身的发展，实现自己人生价值的需要。这是最高层次的需要。自我实现的需要是努力实现自己的潜力，使自己越来越成为自己所期望的人。这七个方面的需要呈现为由低到高有序的排列层次，并遵循递进规律。

一般情况下，人的各种需要同时存在，但强度不同。当人在某个时期的最重要的需要得到相应满足后，他就会产生更高层次的需要，并且人的需要层次也有跳跃发展的情况。

（二）双因素理论

双因素理论的全称是“激励、保健因素理论”，是美国心理学家弗雷德里克·赫茨伯格提出的。赫茨伯格认为，激发人的动机的因素有两类：一类是保健因素，另一类是激励因素①。保健因素又名维持因素，是指造成员工不满的因素，它们的

① 李志刚．实用医院管理辞典[M]．北京：中国商业出版社，1994.

改善可以消除员工的不满，但并不能激发员工的积极性。激励因素是使员工感到满意的因素，这个因素的改善可以给员工以较高的激励，调动其积极性，提高劳动生产效率。有效的激励能够持久地调动员工的工作积极性，从而产生高绩效的行为。

（三）期望理论

期望理论又称“效价—手段—期望理论”，是美国心理学家 V.H. 弗洛姆于 1964 年在《工作与激励》中提出的。期望是一个人根据过往的能力和经验，在一定时期希望达到某种目标和满足某种需要的愿望，它实际上是一种心理活动。弗洛姆认为，人总是渴求满足一定的需要并设法达到一定的目标[①]。这个目标在尚未实现时，表现为一种期望，这时目标反过来对个人的动机又是一种激发的力量，而这个激发力量的大小，取决于目标价值（效价）和期望概率（期望值）的乘积，用公式表示就是

$$M= \sum V\times E$$

式中，M 表示激发力量，是指调动一个人的积极性、激发人内部潜力的强度。V 表示目标价值（效价），这是一个心理学概念，是指达到目标对于满足个人需要的价值。同一目标，由于每个人所处的环境不同，需求不同，其需要的目标价值也就不同。同一个目标对每一个人可能有三种效价，即正、零、负。效价越高，激发力量就越大。E 表示期望概率（期望值），是人们根据过去经验判断自己达到某种目标的可能性是大还是小，即能够达到目标的概率。目标价值高低直接反映人的需要动机强弱，期望概率大小反映人实现需要和动机的信心强弱。

这个公式说明：假如一个人把某种目标价值看得很高，估计能实现的概率也很大，那么这个目标激发动机的力量就会很强烈。怎样使激发力量达到最强值，弗鲁姆提出了人的期望模式：个人努力—个人成绩（绩效）—组织奖励（报酬）—个人需要。

这个期望模式中的四个因素，需要兼顾以下三个方面的关系。

1. 努力和绩效的关系

这两者的关系取决于个体对目标的期望值。期望值又取决于目标是否适合个人的认识、态度、信仰等个性倾向，以及个人的社会地位、别人对他的期望等社会因素，即由目标本身和个人的主客观条件决定。

① 许晓青．人际关系管理实务[M]. 上海：复旦大学出版社，2013.

2. 绩效和奖励的关系

人们总是期望在达到预期成绩后，能够得到适当的奖励，如奖金、晋升、提级、表扬等。组织的目标，如果没有相应有效的物质和精神奖励来强化，时间一长，积极性就会消失。

3. 奖励和需要的关系

奖励什么要适合各种人的不同需要，要考虑效价。要采取多种形式的奖励，满足各种需要，最大限度地挖掘人的潜力，最有效地提高工作效率。

（四）公平理论

公平理论又称社会比较理论，它是美国心理学家 J.S. 亚当斯于 1962 年在《工人关于工资不公平的内心冲突同其生产率的关系》等著作中提出的，主要探讨奖酬分配的公平性对工作人员积极性的影响。该理论认为，工作人员的工作积极性会受到绝对报酬和相对报酬的双重影响[①]。每个工作人员都会自觉或不自觉地把自己的劳动付出和所获得的报酬同社会其他与自己水平大体相当的人进行比较，同时也会将自己现在的劳动付出和所获得的报酬与自己过去的劳动付出和所获得的报酬相比较，并对公平与否做出判断。通过比较，如果认为适当，他就会产生公平感，产生积极的心理效应；反之，产生不公平感，从而产生消极的心理效应。因此，从某种意义上来讲，动机的激发过程实际上是人与人进行比较，做出公平与否的判断，并据以指导行为的过程。

第三节　高校人力资源管理的意义、目标和内容

一、高校人力资源管理的意义

从人事管理转向人力资源管理，是一种历史的跨越。

郑晓明在著作《现代企业人力资源管理导论》中指出，企业从人事管理向人力资源管理的转型过程中，关键突破口在于以下几点[②]：第一，人力资源强调将人作为一种资源来使用和开发。人是最重要的因素，在管理中不仅要重视组织的存在与发展，更要关心组织中的人，特别是关心人的需要与情感，而人事管理则仅

① 张骏生．公共部门人力资源管理 [M]. 北京：首都经济贸易大学出版社，2008.

② 郑晓明．现代企业人力资源管理导论 [M]. 北京：机械工业出版社，2002.

仅把人当作成本来使用。第二，把人力资源管理提到战略性高度，人力资源管理职能直接融入组织的战略形成和战略执行过程中。第三，人力资源管理从组织和个人“双赢”的角度，以发展的高度来思考人员管理问题，克服了传统人事管理只重视人的现状，不重视人的开发和发展的弊端。

在高校规模、结构不断发展和变化的时代背景下，高校借鉴人力资源管理的原理与方法不仅具有必要性，而且具有紧迫性。

（一）是深化事业单位改革的必然要求

随着我国社会主义市场经济体制的建立和完善，高校传统的人事管理制度已无法适应市场经济发展的需要。近年来，国家和省级政府出台了多个文件，提出要打破事业单位用人的终身制，建立起以聘用制为基础的用人制度，建立起能上能下、能进能出、有效激励、严格监督、竞争择优、充满活力的用人机制；科学合理地设置岗位，在选拔中引入竞争机制，建立公开招聘制度；建立形式多样、自主灵活的分配激励机制，创造尊重知识，尊重人才，有利于优秀人才脱颖而出、健康成长的社会环境，实现人力资源的整体开发与合理配置。

教师占事业单位人员比例较大，因此，高校的人事管理制度改革在事业单位改革全局中占有相当重要的地位。高校能否有效地实行人力资源管理，从而在根本上革除传统人事管理制度的弊病，不仅关系到高校和教育系统自身的发展，而且会影响到事业单位人事管理制度改革的整体进度。

（二）是促进高校持续健康发展的迫切需要

实施科教兴国战略，实现人才强校的关键是建设高质量的教师队伍。加强教师队伍建设，必须改革高校人事管理制度。经过长期的努力，从总量上看，教师队伍已基本适应教育事业发展的需求。但就整体素质和质量水平而言，还不能适应实施素质教育及教育现代化的要求。教师的教育观念、知识结构、教学方法、教学能力亟待提高，教师队伍的结构性矛盾比较突出。公开、平等、竞争、择优和合理流动的用人机制尚未建立。这些因素都制约着教育自身的健康发展，限制了教育发展的后劲。

（三）是提高高校办学水平的关键所在

高校的办学水平受制于多种因素，如办学经费、教育设施、生源基础、社区环境等，但其中最为关键的因素是师资力量。“大学非大楼也，乃大师也。”[①] 高绩

① 吴启迪．我的大学工作[M]．上海：同济大学出版社，2012．

效的办学水平总是和高质量的师资队伍紧密相连的，正所谓名校出名师，名师促名校。尤其是在高校之间竞争日益加剧的时代背景下，要走“以质量求生存、靠特色求发展”的办学兴校之路，必须仰仗一支高素质的教师队伍。

然而，高素质的教师队伍不会自发形成，需要管理者有敏锐的眼光，善于发现教师身上蕴含的潜力；需要管理者有聪明的头脑，懂得人才的合理结构，使教师队伍得到优化配置；需要管理者有长远的考虑，为教师提供学习与提高的机会，使教师能够可持续发展；需要管理者有公平的思想意识，客观地评判教师的工作表现和实际业绩；需要管理者有不凡的勇气，构建“人员能进能出，职务能上能下，待遇能高能低”的竞争激励机制。总之，有效的高校人力资源管理能够为教师提供一方成长的沃土，为高校办学水平的提高打下坚实的基础。

二、高校人力资源管理的目标

人力资源管理就是通过一系列管理手段，最终达到组织发展目标的一种行为。就高校而言，高校人力资源管理的目标主要包括以下几个方面。

（一）建立良性的人才储备和人才流动机制

丰厚的人才储备和优秀的人才引进可以为高校的发展提供人力支持。高校的各项工作都要依赖教职工去实施和完成。因此，高校人力资源管理的首要目标是通过招聘、培训、考评等活动，寻找合适的工作人员。进行科学的人员配置，激发教职工的工作热情，实现人事匹配，可以为高校的发展提供强有力的人力支持。

（二）建立新型的人事运作机制

在市场经济的大背景下，人事管理机制必须进行改革。高校人力资源管理必须探索以聘用制为基础的能进能出的用人制度，建立客观、公正、全面、透明的评价制度，推行形式多样、自主灵活的分配机制，力求形成通畅进出、有序竞争、严格监管、有效激励、充满活力的人事运作格局，用科学的机制保证高校能够发现人才、留住人才、用好人才。

（三）实现人力资本的增值

教职工是高校最为宝贵的财富，人力资本是反映学校竞争力的重要指标。人力资本不是一个固定不变的常量，随着知识和技能的老化、工作激情的衰退，人力资本也会不断贬值。为此，高校管理者要通过管理，以最少的时间、资金和劳动投入，来达到预期的目的。高校应当为教职工创设学习和提升的机会，给他们不断注入工作的动力，从而使人力资本得到保值乃至增值，使个人和高校均能从中受益。

（四）提高教职工的工作和生活质量

高校人力资源管理不仅要服务于高校的组织需求，也要服务于生活在高校中的教职工。高校要将教师作为发展对象，而不是发展的工具。教职员工每天有相当长的一段时间在学校里工作与生活，他们能否心情舒畅地开展工作，他们对工作环境的满意度如何，他们是否享受到工作带来的乐趣等，这些都是高校人力资源管理所要关注的问题。提高教职工的工作和生活质量是高校管理者的责任。

三、高校人力资源管理的内容

内容是高校人力资源管理系统的主体部分，它规定了高校人力资源管理的基本环节和任务。

（一）高校人力资源工作分析

高校是一个比较大的人力资源分布系统，在这个系统中，仅教育岗位就包括许多种，这些岗位有着不同的任务与职责，对人员有着不同的素质要求。高校人力资源工作分析就是对学校的各个岗位进行描述，明确工作职责、工作环境和任职资格。工作分析所形成的文本——工作说明书，是高校选人用人的主要依据之一。

（二）高校人力资源规划

教职工的正常退休、非正常离职、生源变化等情况，会影响高校人力资源的数量；教育改革、技术进步等因素，会影响高校对人力资源的质量要求。可见，高校的人力资源是处在波动状态的。人力资源规划就是要对高校未来一段时间内的人力资源情况进行科学的预测，帮助管理者做出科学的政策安排，从而保证人力资源供求状况的动态平衡。

（三）高校人力资源获取

一个组织要想生存和发展，必须拥有适当数量、种类和质量的人员，这就需要高校按照发展规划，招聘、选拔所需人员。高校管理者通过内部告示、报纸广告、网络等渠道发布职位空缺的信息，吸引校内外人员前来应征。高校可以采用面试、实际操作、心理测试等方式对应征者进行甄选，从中选拔出合适的人员。对于选拔出来的人员，高校应及时发放录用通知书，与之签订有关合同，完成录用手续。

（四）高校人力资源使用

要使教职工安心在高校里工作，减少不正常的离职现象，并且提高高校人力资源的使用效率，就必须合理安置人员和有效激发人员的积极性。

人力资源在使用中要做到人岗匹配。因为每一位教职工都有自身的特点，高校管理者要有一双识人的慧眼，善于发现每个人的长处，将其安排到相应的工作岗位上。让每一个岗位都有合适的人员，让每一位教职工都能获得合适的岗位，这样才能使教职工心情愉悦地工作，从而提高工作效率，达到管理的目的。

（五）高校人力资源发展

人力资源发展也就是人力资源开发。为了实现组织目标，发挥人的潜力，提高工作效率，就要加强对人力资源的开发。近年来，教师专业发展已经成为教育界的一大热点，而从高校人力资源管理的角度看，就是要抓好教职工的培训和职业生涯管理两方面工作。

培训主要是按照组织要求，对教师的知识、技术等进行一系列教育和实践活动。为了提高培训的针对性、灵活性，近年来校本培训逐步兴起。高校可以根据自身的特点和教师的实际情况，设计培训方案、实施培训活动，使培训更好地服务于教师个人的成长，更好地促进学校教育教学质量的改善。

职业生涯管理关注的是教职工职业生涯的全过程，强调帮助教职工制订个人发展计划，使个人的发展与组织的发展相协调，满足个人成长的需要，实现组织的发展目标。在个人职业生涯的不同阶段，高校管理者要针对特定阶段的特点和需求，为教职工安排、调整乃至设计合适的工作，以期能够最大限度地发挥教职工个人的才能，使教职工幸福地度过自己的职业生涯。

（六）高校人力资源评价

评价包含的内容相当广泛，如绩效评价、素质测评、士气调查、绩效评价等。其中，最重要的是绩效评价。

高校管理者应当建立科学的绩效评价系统，采用科学的手段收集、分析、评判教职工的工作态度、行为和工作结果方面的信息，以确定其工作实绩，并将绩效评价结果反馈给教职工本人。高校通过科学合理的绩效评价，可以帮助教职工认清自己的优缺点，并针对教职工的实际需要制订培训方案和职业生涯发展计划，改进其未来工作行为。同时，绩效评价结果也可以为高校制定报酬方案和奖惩制度，以及职称评定、职务升迁提供依据。

（七）高校人力资源调整

调整包括人员调配系统、晋升系统及各项有关法律和制度的调整等。从调整的方向看，有人会向上调整，有人会往下调整；有人自里向外调整，有人由外往内调整。对于某些个体而言，调整是残酷的，但对于高校组织而言，调整又是必需的。通过调整，高校能够顺利地完成新老交替，可以实现人力资源的优化配置，有助于激发教职工的积极性，并保持学校的活力。

应当注意的是，高校人力资源管理职能体系的各个部分是相互联系、相互影响的，从而构成一个有机的整体。系统中任何一部分的变化，都会引起其他部分的反应。例如，课程改革使教师的工作发生了重大的变化，这就迫使高校对用人政策做出必要的调整。在吸纳新员工时，高校必须考察其教育理念、课程开发能力、现代化技术手段运用水平，以便能够找到符合课程改革要求的师资。对于原有的教师，高校要加大培训力度，帮助他们改变传统的教学观念和行为；对于能够积极参与课程改革实验，并且取得一定成效的教师，高校要及时给予奖励，以形成有效的激励机制；对于少数长期无法适应课程改革要求的教师，出于对学生负责的态度，高校必须通过转岗、调出等途径做出调整。认识到职能体系的这种关联性，有助于高校管理者全面、系统地分析和处理人事问题，避免仅仅把目光局限在特定的问题上。

第四节　高校人力资源管理制度

一、制度概述

（一）制度

关于制度的概念，历史上中外学者从不同角度给出了不同的定义。不同学科有不同学科的定义，即使同一学科的不同学派，也有不同的定义。为了准确界定这一概念，下面分别梳理了字（辞）典、旧制度经济学、新制度经济学中对制度的定义。

1. 字（辞）典对制度的定义

《辞海》的解释如下：要求成员共同遵守的、按统一程序办事的规程。《现代汉语词典》将其定义为：要求大家共同遵守的办事规程或行动准则。《韦伯斯特词典》给出的解释是，制度就是行为规范。

2. 旧制度经济学的定义

旧制度经济学家凡勃伦与康芒斯，对制度的定义较有代表性。

给制度下定义较早的是凡勃伦，他在1899年出版的《有闲阶级论》中给制度下的定义为："制度实质上就是个人对有关的某些关系或某些作用的一般思想习惯，而生活方式所构成的是在某一时期或社会发展的某一阶段通行的制度的综合，因此从心理学方面来说，可以概括地把它说成是一种流行的精神态度或一种流行的生活理论。"

旧制度经济学的另一位代表人物康芒斯在其著作《制度经济学》中，给制度下的定义为："如果我们要找出一种普遍的原则，适用于一切所谓'制度'的行为，我们可以把它解释为集体行动控制个体行动。"集体行动主要是通过各种"业务规则"来控制个体行动的。"业务规则在一种制度的历史上是不断改变的，包括国家和一切私人组织在内，对不同的制度，业务规则不同。它们有时候也叫作行为规则。亚当·斯密把它们叫作课税的原则，最高法院把它们叫作合理的程序。可不管它们有什么不同以及用什么不同的名义，却有一点相同：它们指出个人能或不能做，必须这样做或必须不这样做，可以做或不可以做的事，由集体行动使其实现。"

综合康芒斯对制度的系列论述，可以认为，他对制度的定义是，制度是集体行动控制个体行动的一系列行为标准或准则。

凡勃伦对制度的界定不是很科学，但毕竟开始了对制度的探讨，为制度概念的界定打下了基础，他所说的"思想习惯、生活方式"，其实就是作为一种非正式制度存在的。康芒斯的定义抓住了制度的一般本质，为后来的研究确定了框架。

3. 新制度经济学的定义

新制度经济学家舒尔茨、诺思、柯武刚和史漫飞等，从一般意义上给制度下了定义。

舒尔茨将制度定义为："一种行为规则，这些行为规则涉及社会、政治及经济行为。例如，它们包括管束结婚、离婚的规则，支配政治权力的配置与使用的宪法中所包含的规则，以及确立由市场资本主义或政府来分配资源与收入的规则。"①

诺思在《经济史中的结构与变迁》一书中认为，制度是一系列被制定出来的

① 郭其友．经济主体行为变迁与宏观经济调控[M]．厦门：厦门大学出版社，2003.

规则、守法秩序和行为道德、伦理规范，它旨在约束将主体福利或效应最大化利益的个人行为。在《制度、制度变迁与经济绩效》一书中，诺思又将制度定义为："一个社会的游戏规则，更规范地说，它们是为决定人们的相互关系而人为设定的一些制约。"

柯武刚和史漫飞认为，制度是人类相互交往的规则。它抑制着可能出现的机会主义和乖僻的个人行为，使人们的行为更可预见并由此促进着劳动分工和财富创造①。

以上的新制度经济学家关于制度概念的表述各有不同，但对"制度是行为规则"普遍认同，只不过对制度的功效与目的阐述略有不同而已。

本书认为，作为一个概念要包含满足某种性质的要素和目的，因此，将制度界定为：制度就是社会制定出来并通过各种手段使其成员普遍接受的，用来约束组织和个体的机会主义行为，协调人与人、人与社会、人与自然的关系，以实现社会公正与正义的行为规则，包括法律、规章、契约等正式制度，也包括意识形态、习惯、价值观和伦理道德等非正式制度。

这一定义具有以下含义。

（1）指出了制度的要素

制度是由法律、规章、契约、意识形态、习惯、价值观和伦理道德等要素构成的。诺思认为，正式制度包含政治规则、经济规则和契约。它们是一种等级结构，从宪法到成文法和普通法，再到明确的细则，最后到个别契约，它们共同约束着人们的行为。

法律是制度的最高形式，宪法统率其他规则。个别契约要服从于具体的条例和细则，这些条例和细则要服从于成文法和普通法，而成文法和普通法又不能违反宪法。因此，制度建设的高级层次是法制建设，一切制度都要在法律的框架内建立，不能和法律相抵触。

意识形态是非正式制度的核心，它不仅可以孕育价值观念、伦理规范、道德观念和风俗习惯，而且可以在形式上构成某种正式制度安排的"先验"模式。习惯是在正式规则无定义的场合，起着规范人们行为的作用的惯例，或作为"标准"的行为。价值观念决定着制度，制度是人们依据价值观念蓝图构建的。价值观念在更多的时候左右着人们的行为，人们同意接受的观念怎样，人们构建认可的制度就会怎样。

① 柯武刚，史漫飞．制度经济学：社会秩序与公共改革[M]．韩朝华，译．北京：商务印书馆，2000．

价值观是文化的核心，文化不仅是构成非正式制度的因素，同时对正式制度的建设也具有重要作用。因此，制度建设的理想境界是文化建设。在每一种给定的经济制度下，伦理精神和道德规范都可看成利益的一个自变量，不同的伦理道德制约着不同的利益追求机制与方式。如果这种方式与经济制度相符，就推动它；反之，它将成为与现行经济制度相悖的力量，导致混乱和无序。因此，伦理道德成为制度建设的基石，在一个道德沦丧、理想失落的社会里，是不可能有完善的制度的，即使有，也是一纸空文，难以真正起到约束规范作用。

（2）指出了制度要素要满足的性质

法律、规章、契约、意识形态、习惯、价值观和伦理道德等要素，是社会制定的，并通过各种手段使社会成员普遍认可和接受。制度要被社会成员普遍接受，大多数成员不接受的制度是不能存在的，即使有，也形同虚设，不起作用。因此，制度必须是被社会成员普遍认可和接受的。要想被普遍认可和接受，通常有两种方式：一种是强制性的，如法律是由国家立法机关按照一定的程序制定的，并且由行政执法机关执行、司法机关监督执行。法律的制定要符合人民的利益，人民在立法过程中具有话语权。规章是在法律框架内用来约束人们行为的成文规范，一旦制定，就要强制执行。另一种是非强制性的。相对于正式制度，非正式制度不是强制性的，而是通过群体压力实现的。当人们的行为和主流社会的价值观、习惯、意识形态、伦理道德相抵触时，就会受到社会的谴责，在群体压力下被迫改变自己的行为。因此，制度建立和执行的程序，一方面要符合大多数人的利益，另一方面，为了大多数人的利益，必须运用强制的和非强制的手段，使社会成员普遍接受并执行。

（3）指出了制度建立的目的

制度的建立是为了约束组织和个体的机会主义行为，协调人与人、人与社会、人与自然的关系，最终实现社会公平与正义。新制度经济学对人性的假设主要有：行为的财富与非财富最大化的双重动机，认知环境的有限理性，追求收益内在化、成本外在化的逃避经济责任的机会主义倾向。从人性上看，组织和个体都具有机会主义倾向。机会主义倾向有两类：一类是在追求私利的时候，“附带地”损害了他人的利益；一类是“人为地”“故意地”以损人利己的手段为自己牟利。因此，有必要通过制度使外部性（正、负外部性）内在化，就是要通过制度约束收益内在化、成本外在化的逃避经济责任的行为。人与人、人与社会、人与自然的关系的和谐，决定了社会的安全和稳定，以及人类的生存和发展。

人与人的关系如果没有制度约束和保护，就会使一些人占有另一些人的劳动成果，侵害他人的产权。人与社会的关系如果没有制度的约束，就会导致无序和混乱。人与自然的关系如果没有制度的约束，就会使自然遭受人类毁灭性的破坏，进而最终毁灭人类自己。

（二）制度的性质

从制度的定义分析，制度具有以下性质。

1．约束性

制度规定了什么事能做、什么事不能做，人们追求效用最大化，是要在一定制约条件下进行的。制度就是约束人的机会主义行为，使社会活动能够有序进行。

2．公共性

制度是“公共品”，它不是针对某一个人的，而是一种公共规则。一旦某种制度被创建出来，全社会的人都可以享有。正是这一性质，导致对制度无法实施专利保护，而缺乏专利保护，就缺乏对制度创建的激励。

3．较强的资产专用性

一种新制度的传播或移植，不仅受既定利益格局的制约，还受相互冲突的价值观念及意识形态等因素的制约。这就是将在一个国家行之有效的制度照搬到另一个国家却行不通的原因。

4．稀缺性

由于制度是公共品，又无法对其实施专利保护，制度的采用可以“搭便车”，人们可以简单模仿别人创建的制度安排而不用付费，因而制度创建缺乏动力。另外，制度又具有较强的资产专用性，简单地模仿并不一定有效，因此，制度成为一种稀缺的资源。

5．无形性

和其他公共品相比，制度是无形的，是人们观念的体现，以及在既定利益格局下的公共选择。制度或者表现为法律制度，或者表现为规则、规范，或者表现为意识形态、价值观念、习俗习惯等，而这些都是无形的。

（三）制度的分类

新制度经济学家根据不同的标准，对制度进行了分类。柯武刚和史漫飞根据制度起源的不同，将制度分为内在制度和外在制度[①]。

---

① 柯武刚，史漫飞．制度经济学：社会秩序与公共改革[M]．韩朝华，译．北京：商务印书馆，2000．

内在制度就是群体内随经验而演化的规则，而外在制度是外在地设计出来并靠政治行动由上而下强加于社会的规则。

卢瑟福在其著作《经济学中的制度》中，根据是否具有广泛的社会意义，对制度进行了分类，把制度分为不具有广泛社会意义的个人规则和具有广泛意义的社会规则。个人规则包括习惯和常规、道德规则，社会规则包括惯例、法律规范和社会规范。

被新制度经济学家普遍接受的是诺思的分类，他根据约束人的方式的不同，把制度分为正式制度和非正式制度。正式制度是人们（主要是政府、国家或统治者）有意识地创造的一系列政策法规，包括政治规则、经济规则和契约。非正式制度是人们在长期的交互中无意识形成的，具有持久的生命力，并构成代代相传的文化的一部分。

制度是由非正式的约束（制裁、忌讳、习俗、传统、行为准则）和正式的规则（章程、法律、财产所有权）组成的。正式制度和非正式制度之间只有量的差异，而无本质不同。正式制度只有在社会认可，即与非正式制度相容的情况下，才能发挥作用。1993 年，诺思在发表诺贝尔经济学奖获奖演说时指出，离开了非正式制度，即使“将成功的西方市场经济制度的正式政治经济规则搬到第三世界和东欧，也不再是取得良好的经济实绩的充分条件”[①]。

本书采纳的是诺思关于制度的分类，即将制度分为正式制度和非正式制度。

（四）制度环境与制度安排

诺思、戴维斯把制度分为制度环境和制度安排，把起决定性作用的制度称为制度环境，认为制度环境是一系列用来建立生产、交换与分配基础的基本的政治、社会和法律基础规则。

制度安排是支配经济单位之间可能采取合作或竞争方式的一种安排，制度安排可能是正规的，也可能是非正规的，可能是暂时性的，也可能是长期的。不过，它必须至少用于下列一些目标：提供一种结构，使其成员的合作获得一些在结构外不可能获得的追加收入，或提供一种能影响法律或产权变迁的机制，以改变个人（或团体）合法竞争的方式。

一般说来，制度环境都是正式制度，而制度安排可能是正式制度，也可能是非正式制度。制度环境对制度安排起决定性作用，制度环境限定了人们可以选择的制度安排的范围，使人们只能在制度环境规定的“集合”内选择制度安排。制

① 刘尚希，孟春．公共政策与地区差距[M]. 北京：中国财政经济出版社，2006.

度环境与制度安排的划分又是相对的。例如，相对于宪法，教育法是制度安排，而相对于高校人力资源管理制度，教育法又是制度环境。制度和制度安排是既有联系又有区别的两个概念，制度是游戏规则，是制度安排的一个内容，但它仅是制度安排的一个内容，而不是制度安排本身，因为制度安排不仅包括游戏规则，还包括组织设定和结构安排。

二、高校人力资源管理制度的含义

高校人力资源管理作为一种管理活动，和社会其他活动一样，需要有制度的保证。

根据制度的定义，本书对高校人力资源管理制度做出以下界定。

高校人力资源管理制度，是国家、政府和高校及其人力资源制定出来，并通过各种手段，使高校人力资源普遍接受的，用来约束组织和个体的机会主义行为，协调高校人力资源之间、人力资源与高校和社会之间的关系，以重构“学术自由、追求真理、传承创新、引领人类”的大学精神为终极目的的行为规则，包括法律、规章、契约等正式制度，也包括意识形态、习惯、价值观和伦理道德等非正式制度。

除了制度的一般含义以外，这一概念还有以下含义。

（一）高校人力资源管理制度的主体

高校人力资源管理制度的主体是国家、政府和高校及其人力资源。国家、政府和高校既是正式制度的制定者，也是非正式制度的制定者。高校人力资源主要是非正式制度的制定者。这是因为，国家、政府和高校作为社会组织存在，具有权威性和强制力。同时，国家、政府和高校也可以通过引导社会的习惯、意识形态、价值观和进行伦理道德教育，提供非正式制度。高校人力资源作为个体存在，不具有权威性和强制力，因此，不能提供正式制度。但是，作为个体可以形成习惯、意识形态、价值观和伦理道德等非正式制度因素。因此，高校人力资源主要是非正式制度的制定者。

（二）高校人力资源管理制度的目的

高校人力资源管理制度的终极目的是重构大学精神。高校人力资源管理制度建设，是为了约束组织和个体的机会主义行为，协调高校人力资源之间，以及人力资源与高校和社会之间的关系。只有这样，才能使高校有序运转、和谐发展。高校人力资源管理制度的终极目的，是构建“学术自由、追求真理、传承创新、引领人类”的大学精神，这是必须明确的，否则就会停留于事物表层。我国高校人力资源管理的一些制度建设之所以失败，某种程度上就是因为没有把大学精神当作制度建设的目的，仅仅是为了协调当前的各种关系、解决现实的问题而制定制度的。由于没有明确的终极目的和系统的思考，这些制度常常是前后矛盾、相互抵触的，甚至与大学精神相去甚远。因此，明确终极目的是高校人力资源管理制度的重要内容。

（三）高校正式和非正式人力资源管理制度

正式制度和非正式制度在高校人力资源管理制度中同等重要。

一方面，要加强正式制度建设，如由国家健全相关的法律法规，在法律法规框架下，政府及其主管部门出台相关的意见、规定等指导性文件，高校出台相关手册、与教职工签订合同等。

另一方面，国家、政府、高校及其人力资源要共同营造良好的学术文化环境、倡导学术道德、谴责学术不端行为等。鉴于正式制度的局限性，人们在有限理性的制约下，无法预见所有可能发生的情况，并据此制定相应制度进行约束。非正式制度可以在正式制度覆盖不到之处发挥作用，弥补正式制度的不足。

三、高校人力资源管理制度的理论基础

（一）新制度经济学

新制度经济学是以科斯、诺思、威廉姆斯、阿尔钦等为代表的一些经济学家，针对新古典经济学的不足进行研究而构成的理论体系，主要包括产权理论、交易成本理论、制度变迁理论、契约理论等。

新制度经济学的开山之作，是科斯于 1937 年发表的经典论文《企业的性质》。在这篇论文中，科斯第一次用边际成本分析了交易背后的制度选择，并引入交易成本的概念，使得人们有可能在规范和实证两个层次对制度的内生化及其后果做深入研究。在这篇论文之后，科斯于 1960 年发表了论文《社会成本问题》，提出了著名的“科斯定理”。这个定理的公认含义如下：给定交易成本为零，那么权利的初始安排不影响交易的结果；只有在交易成本为正的场合，权利的初始结构和交易结果才直接关联。科斯首次揭示了契约有效性的前提条件，并迫使人们正视现存的制度体系通过权利配置对经济当事人带来的影响。科斯因这两篇论文获得诺贝尔经济学奖。科斯的论文引发了阿尔奇安、德姆塞茨、哈特、威廉姆斯等

对企业和市场性质的进一步讨论，从而形成了产权经济学、契约经济学和交易成本经济学等分支。

1. 关于人的行为假定理论

新制度经济学关于人的行为有三个假定。

（1）人类的行为动机是双重的

人们一方面追求财富最大化，另一方面又追求非财富最大化。人类历史上制度创新的过程，实际上就是人类这种双重动机均衡的结果，制度在塑造人类这种双重动机方面起着尤其重要的作用。

（2）有限理性

要更深入地理解现实世界中的制度，就必须承认，人只有有限的获取和处理信息的能力这一观点。

诺思认为，人的有限理性包括两个方面的含义：一是环境是复杂的，人们面临的是一个复杂的、不确定的世界，而且交易越多，不确定性越大，信息也就越不安全；二是人对环境的计算能力和认识能力是有限的，人不可能无所不知。所以制度是重要的，因为制度可以通过设定一系列规则来减少环境的不确定性，提高人们认识环境的能力①。

（3）机会主义倾向

机会主义倾向是指在非均衡市场上，人们追求收益内在化、成本外在化的逃避经济责任的行为。

威廉姆斯认为：在没有有限理性和机会主义行为的情况下，所有经济合同问题皆不成为问题；但是，由于决策的实际困难和经济必须在存在交易成本和不对称信息的环境中运行，制度就变得十分重要②。

高校人力资源首先具有普通人的行为特征，新制度经济学关于人的行为假定的理论同样适用于高校人力资源管理，这也是制度建设的起点。

2. 交易成本理论

交易成本观念的起源可追溯至科斯在 1937 年发表的著名论文《企业的性质》。他在文中提出“使用价格机制是有代价的”。科斯认为，交易费用是获得准确的市场信息所需要付出的费用，以及谈判和签订经常性契约所花费的费用③。

威廉姆斯认为，交易费用分两部分：一是事先的交易费用，即为签订契约，

① 马涛．经济思想史教程[M]．2 版．上海：复旦大学出版社，2018.

② 唐海燕．中国对外贸易创新论[M]．上海：上海人民出版社，2006.

③ 王元培．经济学比较[M]．贵阳：贵州人民出版社，1999.

规定双方权利、责任等所花费的费用；二是签订契约后，为解决契约本身存在的问题，从改变条款到退出契约所花费的费用①。

王孝伟将交易费用的概念扩展为“制度费用”，他认为交易费用是“一系列制度费用，其中包括信息费用、谈判费用、起草和实施合约的费用、界定和实施产权的费用、监督管理的费用和改变制度安排的费用”“交易费用包括一切不直接发生在物质生产过程中的费用”②。

交易费用的存在依赖于受限制的理性思考、机会主义及资产的专用性。制度影响交易成本，不同制度下的交易成本差异是巨大的，这是科斯、诺思通过案例研究得出的结论。

有效的制度可以减少交易成本，在高校人力资源管理中，交易成本取决于人力资源管理制度的有效程度。

交易成本理论对人力资源管理制度建设的研究具有特殊的意义。

3. 产权理论

新制度经济学认为，产权是使自己或他人受益或受损的权利，是“由物的存在而产生，与这些物的利用相联系的，人们之间的一组被认可的行为性关系”③。产权实质是人与人的关系而非人与物的关系，因此，产权制度是一系列用来确定每个人相对于稀缺资源使用时的地位的经济和社会关系。

产权理论认为，不同利益集团对产权的形成具有影响。大的利益集团出于高昂的协调成本、组织成本及“搭便车”等原因很难在产权形成中发挥有效的作用，而人数少的利益集团却很容易达成一致意见④。

制度的建立与改革的实质就在于，对产权进行分配和重新分配。将产权理论应用于制度建设研究的意义在于，如何使对大多数人有效的制度得以建立和实施。任何制度变迁都很难使所有的人都得到正的纯收益，一个社会的决定政策的权力如果掌握在社会大多数人手中，社会对制度的选择就仅受制于技术因素，而不会受到既得利益集团的制约。反之，如果掌握在少数人手里，那么，即使是对大多数人有效率的制度，只要对少数决策者不利，使他们的既得利益受到损失，这种有效率的制度也不会得到采纳和实行。

---

① 王兰军．股票市场功能演进与经济结构调整研究 [M]. 北京：中国金融出版社，2003.

② 王孝伟．政府信用 [M]. 北京：国家行政学院出版社，2013.

③ 刘劲松，李明伟，黄玉波，等．党报集团向现代传媒集团转型模式与战略 [M]. 北京：中国传媒大学出版社，2013.

④ 卢现祥．新制度经济学 [M]. 武汉：武汉大学出版社，2004.

4. 制度变迁理论

制度变迁是当一个制度不均衡时，人们追求潜在获利机会的自发交替过程。制度变迁理论中关于路径依赖、制度变迁方式的论述，对于高校人力资源管理制度建设，具有重要的指导作用。

（二）高等教育学

高校是高等教育的承担部门。高等教育学的理论，对于高校人力资源管理制度建设具有指导作用。因为我们探讨的是高校而不是企业，必须考虑到高校的特点及高等教育的特殊规律。

1. 高校组织的特性理论

高校组织和其他教育组织一样，具有“松散联结”的特性，也就是在技术与组织结构之间没有密切的联系。在制度环境作用下，合法性机制对教育组织的影响，比效率机制对教育组织的影响更为明显，维持教育组织存在和发展的不是效率机制，而是合法性机制。

在有些时候，我们可以把高校看作市场，在多数情况下，高校更像是一所庙宇，一所致力于知识和精神追求的庙宇。高校是从事学术活动的场所，不在于它对于个人或社会福利做出了什么贡献，而在于人们对高校所持的远景，即高校对于人类来讲所具有的意义及保持和传达这种意义的作用。

高校组织的特性是其长寿的原因。美国加利福尼亚大学前校长克拉克·科尔曾做过一个统计，发现在1520年以前，在全世界建立的组织当中，现在仍然用同样的名字、以同样的方式做着同样事情的只剩下85个，这85个之中有70个是大学，另外15个是宗教团体[①]。

将高校组织的特性理论作为研究的理论基础，有助于了解高校组织的特点，并针对高校的特点构建起人力资源管理制度，对于防止制度建设的企业化倾向，具有重要作用。

2. 大学（高校）使命理论

大学（高校）的组织特性揭示了“大学是什么”，大学（高校）使命理论则要阐释“大学（高校）是干什么的”。对这个问题，不同的历史时期、不同学者的回答是不一样的，教学、科研和社会服务使命先后被赋予高校（大学）。即使在今天，西方仍在不断探讨大学的使命，人们对“大学究竟该干什么”这一问题，随着时代的发展不断有新的认识。

① 陈志彪．为基业长青开个账户[M]．北京：中国金融出版社，2007.

在西方，最早提出大学使命的当属约翰·亨利·纽曼，他认为，大学是“学者的社区”，是传授普遍知识的地方，是训练和培养人的智慧的机构；大学的教育应该是以文理科知识为主的“自由教育”和“博雅教育”，以“正确的推理来培养人的理性，使之接近真理”；大学的使命则是培养有文化修养、具备思想和行为上一切优良品行的“绅士”。正是基于此，纽曼旗帜鲜明地反对功利主义的实用教育观，并且反对科学研究，反对专业教育，同时，强调大学的独立与自治[①]。

在德国，自 1810 年洪堡创立柏林大学起，科学研究便被系统地引入大学体制，柏林大学创办了“大学自治与学术自由”“教学与科研相统一”的原则。进入 20 世纪以后，随着现代社会的逐步完善和科学技术的飞速发展，大学的社会职能被充分强调。在美国实用主义哲学的指导下，威斯康星大学明确提出把服务社会作为大学的重要职能，产生了著名的“威斯康星思想”。大学由社会的边缘走向了现代社会的中心。

近两个世纪以来，有关大学（高校）使命的认知，受不同哲学思想及社会现实的影响，一直在发生着变化，大学（高校）有时过于重视“高深学问”，将自己关在“象牙塔”内，有时又过于功利，社会需要什么，就去“生产”什么。但“学术自由、追求真理、传承创新、引领人类”的理念，一直是大学（高校）所倡导和坚持的。

大学（高校）使命理论，使我们明确了“大学是干什么的”，进而明确了主要是由哪些人来完成大学（高校）的使命，也就是明确了高校的价值创造，为高校人力资源管理制度建设打下了基础。

3. 治学主体理论

治学主体理论回答了“由谁来完成大学的使命”和“谁来管理大学”的问题。“学术自治”是研究高深学问的最悠久的传统之一。历史上很多学者都坚持认为，只有教师有资格控制学术活动，因为只有他们才能深刻理解高深学问的复杂性。然而，高等教育的自治不可能是绝对的，完全的自治必然要求经费的完全独立，即使私立高校也要受到法律的制约。在高校内部管理上，也不可能做到完全由教师管理一切，校董等院外人士，在表达公众对学院或大学的兴趣，以及把这些院校的观点向公众解释方面，可以起到重要的作用，校长、院长是从教授群体中选出的行政专家，因此，他们和教授一起管理高校。但是，在高校团体的相互关系中，所有成员的地位都是平等的，在所有情况下，更可取的办法是说服，而不是权力和地位。

① 肖川．成为有智慧的教师[M]．长沙：岳麓书社，2012．

治学主体理论对于高校人力资源管理制度建设的意义在于，明确谁是治学主体，进而解决谁是制度建设的“第一行动集团”的问题。

“第一行动集团”是指那些能预见到潜在市场经济利益，并认识到只要进行制度创新，就能获得这种潜在利益的人。

（三）文化学

1. 文化对研究人力资源管理制度建设具有重要意义

文化对人力资源管理制度具有较大的影响。

一方面，文化的核心，即价值观，是非正式制度的重要组成部分，人的行为既受正式制度的约束，又受非正式制度的约束，而且非正式制度对人的行为的影响更为持久。

另一方面，文化影响着人们的思维方式和行为习惯，制度的移植要考虑文化差异，制度的变迁也要考虑文化背景。因此，从文化学，尤其是从传统文化的角度研究高校人力资源管理制度建设，具有重要意义。

2. 传统文化与高校人力资源管理制度建设

中华文明能够得以长存，很大程度上得益于中华传统文化。传统文化和制度建设具有关联性。一方面，传统文化在非正式制度建设方面起着重要作用；另一方面，传统文化中的一些糟粕也在制约着制度建设。

传统文化中的“自省”“民治”“德治”等管理思想，自强不息等价值取向都在深刻地影响着高校人力资源，对于高校人力资源管理制度建设具有重要意义。传统文化也在深刻地影响着中国社会制度的变迁，渐进式的制度变迁因为和中华传统文化相吻合，而获得了成功，这给高校人力资源管理制度变迁以深刻的启迪。

当然，传统文化中很多糟粕也在制约着制度建设。例如，“皇权”思想、“治统”压制“道统”的制度定势，使得中国社会对权力的追逐多于对知识的追逐，有知识及进行知识生产与传播的人缺乏应有的地位，行政权力凌驾于学术权力之上。在这样的制度环境下，“传统”中许多理想的设计遭到了冷落，而“反文化”的膨胀却在权力需要之下获得了驱动力。

（四）组织行为学

制度是建立在组织中的，组织行为决定了制度的建立与执行。因此，研究制度建设，尤其是人力资源管理制度建设，必须有组织行为学的基础。

对制度建设有贡献的组织行为学理论，主要有激励理论和组织变革理论。

1. 激励理论

高校人力资源管理制度建设的目的，主要是通过激励和约束人力资源实现管理目标。对高校人力资源的激励，除了要考虑物质激励，还要考虑精神激励，后者尤为重要。组织行为学中关于参与激励、自我实现激励等理论，对制度建设尤为重要。借鉴组织行为学理论，在制度建设中体现“以人为本”的价值取向，能使人力资源管理制度建设的“刚性”与“柔性”得到有机统一。

2. 组织变革理论

组织变革有两种，一种是所有组织不可避免地变革，另一种是组织成员有计划地变革。有计划地变革是指管理者和员工为了改善团队、部门或整个组织的功能，以某种重要的方式进行的有目的的变革。高校人力资源管理制度建设，实际上是一种有计划的组织变革。制度建设意味着对原有的制度进行改革和创新，而改革和创新必将带来组织的变革。高校人力资源管理制度变迁是组织变革的一项重要内容，必然会遇到来自组织和个体的阻力。因此，运用组织变革理论研究如何有效地克服阻力、完成变迁是十分必要的。

第二章　高校人力资源的招聘管理

在 21 世纪知识经济发展的新格局下，国际竞争集中表现为人才的竞争，处于组织中人力资源金字塔顶端的人才资源，在经济社会发展中的重要地位越来越突出。人才主要的来源途径是对人力资源的招聘。作为培养国家高层次人才的高校，人力资源的招聘在其整个管理进程中的重要性就可见一斑了。本章为高校人力资源的招聘管理，主要介绍了四个方面的内容，依次是高校人力资源招聘、高校人力资源的招聘流程与聘任制、高校人力资源招聘中的人才测评、高校人力资源招聘中存在的问题及对策。

第一节　高校人力资源招聘

由于高校人力资源主要集中在教师上，下面主要集中讨论高校教师的招聘。

一、高校人力资源招聘的内涵

截至 2021 年，我国各种形式的高等教育在学总规模约 5 536 万人[①]，高等教育已进入大众化阶段，而随着高等教育的大众化，我国高校的办学规模迅速扩大，办学资源短缺问题日益突出，其中师资队伍建设已成为许多高校跨越式发展的瓶颈。各个高校在大力引进优秀人才的过程中，存在着目标不明确、规划不完善、供需分析不足、信息不对称等问题，造成了引进的人才与岗位要求不匹配，对学校自身的长远发展和人才的自我职业规划发展都带来了不良的影响。

高校作为培养国家高等人才的主体，如何建设一支高素质的教师队伍，使高校无论在教学、科研还是管理等领域立于不败之地，是高校发展进程中的重中之重。这就需要吸引高素质的人才加入教师队伍，而教师招聘就是吸引人才的最重要环节。教师招聘作为高校人力资源管理战略的核心，对于高校战略目标的实现

① 中华人民共和国教育部．各级各类教育在校生情况[EB/OL].（2022-12-30）[2023-05-15]. http://www.moe.gov.cn/jyb_sjzl/moe_560/2021/quanguo/202301/t20230104_1038061.html.

起着越来越重要的作用。因此，必须把好高校教师的招聘关，保证高校师资队伍的高素质。这也是高校实现可持续发展所要回答的重要问题。招聘工作是人力资源管理工作中的一项基本工作，是人力资源管理中培训、绩效评估、薪酬、激励、人员流动等管理环节的基础。人员招聘是指组织为了自身的发展需要，根据人力资源规划和工作分析的要求，寻找、吸引那些有能力又有兴趣到本组织任职的人员，并从中选出适宜人员予以录用的过程。招聘工作是整个人力资源管理工作的基础。一方面，招聘工作直接关系到人力资源的形成；另一方面，招聘是人力资源管理中后续管理各个环节的基础。

人才对组织的发展来说是至关重要的。当今组织间的竞争，在一定程度上已经演变成人才的竞争，而人才的竞争在很大程度上是招聘和测评水平的竞争。因此，我们在重要职位的招聘与测评上，非得有"萧何月下追韩信"的劲头才行。人员招聘，简称招聘，是招募与聘用的总称，是指为组织中空缺的职位寻找到合适人选，实际中间夹着甄选。招聘的结果关系到组织中员工队伍的构成。员工的等级越高，其招聘和测评就越难。

要使一流的高校拥有一流的教师队伍，首要的关口是教师招聘环节。教师招聘应该放眼国内，力争引进国内一流的教师和研究生，不要只局限在高校所在的省（区、市）范围内，更不能大量留用本校的毕业生（除非经过公开、公正、公平竞争表明本校的毕业生确实更优秀）。"无数事实证明，高等学校教职工队伍的学缘多元化是高等学校活力的源泉。至于招聘对象的毕业学校是否有层次上的要求，如是否必须出自'985 工程'、'211 工程'的高等学校，是否必须出自世界名校，则要根据招聘学校的层次和招聘岗位的具体要求来确定。但归根结底，只有招聘对象的能力和水平才是最终的衡量尺度。虽然有的企业招聘高等学校毕业生时很刻板，必须是某些名牌高等学校的毕业生才会纳入其招聘的视野之内。但'英雄不问出身'，教师招聘既然是一种人才选拔活动，'血统'、出身不会不考虑，务实才是最重要的。"①

从人力资源管理的角度出发，招聘以前首先应有一份确切的工作描述和任职说明书。工作描述具体说明工作的物质特点和环境特点。例如，教师的主要责任是以授课方式帮助学校进行学生管理。任职说明书即任职要求，说明担任某项职务的人员必须具备的生理要求和心理要求。例如，高校教师的学历要求一般为研究生。目前高校招聘教师，往往看重其文凭和专业而忽略其他。文凭固然能反映

① 胡先锋．论高等学校的教师招聘 [J]. 山西财经大学学报（高等教育版），2005（1）：50–53.

很多东西，也是高校教师应具备的条件之一，但还有许多方面是文凭所不能体现的。例如，个人素质及其持续发展能力等。这就需要人力资源管理部门在招聘时综合考察。

二、高校人力资源招聘的意义

随着高校扩招，高等教育已经进入大众化阶段，受教育者层面的推广必然对高等教育和高校教师的素质、结构等产生强大的冲击，高校和高校的学生对新型教师的呼声越来越高。我们正处在高等教育改革与发展的一个关键时期，中国高等教育宏观环境的变化对高校的发展提出了新的要求：精英教育的模式发生了变化，学生群体的多元价值观对高等教育和高校教师产生了影响，高等教育、高校和高校学生对教师的素质有了更高的要求。教师招聘行为已成为高校这一组织实现其战略目标的重要环节，教师招聘作为高校人力资源管理战略的核心，对于高校战略目标的实现及人力资源的增加，都起着越来越重要的作用。

适应新形势要求的教师越来越受到高校的青睐，而不适应的教师终将为时代所淘汰。随着信息化的高速发展，高校教师的角色和功能也逐渐发生了重大转变。高校教师不再仅仅是书本知识的传播者，其对学生学习促进的功能逐渐强化，师道的理念由此被赋予了新的内涵，高校教师也应转变教学观念。社会对高校教师的期望值在增高。人们期望高校教师能够兼顾多重角色，一方面是学术的权威，另一方面又能够肩负起培养国家栋梁的重任，还要成为道德的典范，发挥道德指引和教育指引的作用，真正做到“学为人师，行为规范”。由此，高校的教师招聘改革势在必行。通过高校招聘改革选拔出德才兼备的人才进入高校对于高校战略目标的实现，以及人力资本的增加都起着越来越重要的作用。然而，新的社会发展趋势对教师提出的新要求在实践过程中难免会遇到阻碍，各种问题与矛盾凸显。高校的招聘执行者如何运用科学方法和手段来吸纳优秀人才就上升为一个值得关注的问题。这也就赋予了高校的教师招聘工作以重大意义。

（一）教师的素质影响着高校的生存和发展

对于一所高校来说，教师的素质通常是影响其教学效果的一个决定性因素。面临高等教育的大众化趋势和知识的不断快速更新，各种物质资源的可利用空间正在不断缩小，只有人这种活的资源的可利用性还存在着巨大的潜力。高校如果能够招聘到高素质的教师并留住他们，使他们在学校的发展和创新方面充分发挥作用，就为学校培养优秀的人才增加了一份保障。同时，从成本的角度来看，招聘到优秀的教师也相当于为学校节约了职后培训的费用，还可能具有原有教师经培训也达不到的效果。

（二）教师招聘是高校各项管理组织工作的基础

合理而有效的组织结构总是建立在一定数量和质量的人员结构之上的。按照高校战略规划和具体教学需要，将不同层次、不同素质的人员安排到一定组织结构要求的岗位上，并随着组织结构的调整而不断进行调整，才能保证学校的高效运行。作为开展高校各项管理工作的第一步的教师招聘，很显然是其他后续管理工作的重要的基石，如果这项工作没有做好，那么将给后面的管理工作带来一定的困难。因此，教师招聘工作作为人力资源管理工作具体环节的重要步骤，是高校获得优秀人才的必要手段和途径，也是高校经营成功的前提之一。

三、高校人力资源招聘的原则

（一）公平公正的原则

公平公正的原则包括两个方面的内容。

1.要符合国家的法律法规

高校的招聘活动必须遵守国家在有关方面的法律法规和政策，应公示招聘信息、招聘方法等。一方面，将录用工作置于公开监督之下，可防止不正之风出现，杜绝任何以权谋私、假公济私和任人唯亲的现象；另一方面，可吸引大批应聘者，从而有利于招到一流人才。

2.要努力做到公开竞争

要用一种开放、科学、多样化的人员选聘模式代替旧的封闭、单一的人才选聘模式，充分鼓励竞争，并且对所有应聘者一视同仁，以严格的标准、科学的方法，对候选人进行全面考核，公开考核结果，择优录取。这样既能使更多的优秀人才脱颖而出，从中挖掘到更多高校所需要的可用之才，又可以激励其他教师积极向上。这样才能真正提高高校教师招聘工作的质量。

（二）因事择人的原则

因事择人的原则包括两方面内容。

1.以学校和岗位的实际需要为标准设岗

必须根据学校的人力资源规划的用人需要及工作分析得出的任职资格要求，

运用科学的招聘方法开展招聘工作，并坚持能位相配和群体相容的原则。真正从职位的实际要求出发，做到人和事的有机配合。将不符合岗位要求的人员置于该岗位，既会浪费人才，又会损害学校的利益。所以对于高校来说，无论是多招人还是招错人都会给学校带来一定的负面影响，除了人力成本和培训成本的增加，以及低效率和错误决策带来的损失外，由此导致的人浮于事还会在不知不觉中对高校的文化造成不良影响，并降低学校的整体效率。因此，因事择人原则也是提高教师使用效率和学校工作效率，改善经济效益的内在要求。

2. 选用最适合该岗位的人

不能不顾岗位的资格要求降低选人标准，也不能一味追求高素质、高质量、高学历、高职称但并不适合该岗位的人，要根据该岗位的实际需要来选聘最合适的人选。也就是要根据高校中各个岗位的性质选聘相关的人员，而且要求工作群体内部保持最高的相容度。简单地说，有的人满腹经纶，才高八斗，却不懂怎样将自己的知识传授给学生，这样哪怕他知识渊博，也不适合站在讲台上，而科研工作可能更适合他；有的人虽然没有高深的理论知识但可以和学生打成一片，具有很强的组织学生的能力，那他可能更加适合学生管理工作；而既掌握丰富的专业知识，又拥有一定的教育学知识的人可能才真正适合站在讲台上进行教学。

高校招聘到最优秀的人才并不是最终的目的，而只是手段，最终的目的是每个岗位上用的都是最合适的人，是“用其所长”“人尽其才”，要使招聘到的教师能在岗位上充分发挥他的优势，从而培养出最优秀的人才，进而达到高校整体效益的最大化。

（三）效率优先的原则

效率优先是市场经济条件下一切经济活动的内在准则。不管采用何种方法招聘，都是要支付费用的，这就是雇佣成本。雇佣成本主要包括发布招聘广告的费用，对应聘者进行审查、评价和考核的费用等。一个好的招聘系统，表现在效益上就是用最少的雇佣成本获得适合职位的最佳人选，符合效率优先原则。效率优先体现在教师招聘工作中就是根据不同的招聘要求，灵活选用适当的招聘途径和甄选手段，在保证招聘质量的基础上，尽可能降低教师招聘的成本。

虽然高校进行各项活动的根本目的不是为了产生经济效益，而是为了学生的发展从而产生社会效益，但不论是经济效益还是社会效益，都需要高效率以达到最大的收益，对于高校来说就是培养出优秀的学生从而产生最大的社会效益。高校各项活动的进行都离不开这一核心。教师招聘活动也是如此，要以效率为中心，即以尽量少的招聘与选拔成本，获取高素质、符合组织需要的教师。这就要求高校人力资源管理部门和直线职能部门积极配合，在进行教师招聘活动时采取灵活的方式，利用适当的招聘渠道，做出合理的安排，以提高教师招聘工作的效率。

（四）双向选择的原则

人员招聘与选拔的双向选择原则，是指高校可以根据自身发展及教学计划和对学生培养的需要而自主选择所需教师，同时应聘人员也可以根据自己的兴趣专长自由地选择高校和岗位。

双向选择原则符合市场经济条件下劳动力资源配置的基本原则。按照这一原则，高校能够在劳动力市场上吸引优秀的教师资源，不断地致力于发展高校自身的形象，在提高社会效益的同时也提高经济效益。同时，应聘人员为了在竞争中取胜，进入理想的高校担任教师，必然努力提高自身的科学文化素质和业务水平。在这种双向的鼓励和策动之下，人员的素质得以提高，学校各方面得以发展，既不浪费资源，还为人力资源创造了一个自由发展的空间。总之，高校按照这一原则招聘教师，就能够不断提高教师素质，优化教师结构，激发教师的工作热情，不断为国家和社会培养出优秀的人才。

第二节　高校人力资源的招聘流程与聘任制

一、高校人力资源的招聘流程

在高校之中，教职工的聘用可分为校内聘用和外部聘用两类。在招聘员工时，无论是哪一种聘用途径，我们都应该从有助于高校实现组织目标的角度出发来进行选择。对于高校来说，其主要的任务就是教学，高校之中最核心的人员也就是教师与学生。因此，在招聘和选拔教师的时候，与其他一般的组织相比较来说，高校有着特殊的要求。在教师招聘流程中，如果仅仅依靠一些领导者主观的判断和直觉，类比于“伯乐相马”等方式对应聘人员进行选择，可能会存在较大的个人偏见和主观倾向。为了避免这种主观、片面的选拔方式，高校可以通过实行“赛马”制度和采用科学的评估方法，对所有候选人进行全面评估，以此来决定最终的人选。这种公正、公平的竞争机制可促进优秀人才脱颖而出，同时也可以激发其他教职工的积极性与进取心。

（一）制定教师招聘规划

在招聘教师之前，就要制定一份比较详细的教师招聘规划，确定高校在何时招聘教师，要选择什么类型的教师，人员选拔的依据，选拔人数等，也就是说，在制订教师招聘方案之时，需要确定招聘时间、职位、人数及招聘要求等相关细节。在当今的组织环境中，研究并评估雇用教师的资格录用条件不仅是人力资源管理中一项比较基础的工作，同时也是实现有效管理的重要手段。对高校教师的聘用进行工作分析的目的在于确定所需教师的数量、要求和选拔标准等，从而为教师队伍的短期和长期规划的建设打下基础，并确保成功完成招聘工作。与其他职位既有相同的地方，也有不同的地方，作为一种比较特殊的职业，教师的工作说明书往往有些特殊，它详细描述了教师的职位和任职资格。随着时间的推移和社会的发展，选拔教师的要求也在不断地变化，与时俱进。在不同的时代之中，选拔教师的要求不同，同样的道理，在不同的国家、地区或社会之中，高校对于教师的选拔往往也会有不同的要求。在高校教学之中，教师对于学生的影响力是巨大的，具有积累性、附加性及不可补偿性等特点，因此，高校往往十分注重教师的任职资格。以下主要讨论教师的任职资格应该从哪些方面进行考虑。

在美国，从传统意义上来讲，相当一部分人认为教师使学生获得高水平学习能力所展现的就是教师的素质，不过这个说法并不完善，对于教师素质的专业看法一直没有一个比较准确的观点，还存在着比较大的分歧。这种分歧主要体现在对教学专业特性的认识方面，即有“科学说”与“艺术说”之分，也就是主要强调教师必须掌握各种“专家型知识”还是“技艺型知识”。

随着时间的推移，人们对于教学的研究越来越深入，对于教学的了解与认识也变得越来越深刻，在此基础上形成了许多新的理论观点与教学模式。对于教学，人们逐渐开始意识到之前关于“科学说”与“艺术说”的观点的错误，教学并非单指其中的某一种，而是具有一种复杂的多重属性。人们将之前的“科学说”与“艺术说”有机结合起来，提出一种“专长”的概念，并利用它来指出教师应当具备的各种素质。例如，将教师应具备的创新素质用“创新精神和实践能力”来表述，“创新精神”是指面对当前存在的问题，能够运用已有的知识、技能与方法革新自身的认识，具有创新的信心与勇气；“实践能力”是指在日常生活、学习与工作中，能够将自身学习到的知识与现实的工作实际相联系，动脑分析目前遇到的问题，并动手解决问题的能力。

高校的师资队伍不仅要了解自己所教学科的知识，还要了解与熟悉其他的相关学科，对其他学科的知识也要加以掌握，在这个基础上形成独具特色的知识框架；还要深入探究自身的教学个性与特质，在掌握相关理论知识的基础上构建自身独具特色的实践操作体系，形成一种独特的教学思想、教育理论与教学风格。

另外，对于高校教师来说，其应该具备的素质还应该从教育观、职业意识与道德等方面加以考虑。教师除了要具备应有的知识、能力等相关素质，还必须具备良好的思想品质、高尚的道德情操、强烈的职业意识，以及对人与社会的强烈责任感，教师要想做好自己的本职工作，帮助学生形成正确的“三观”，教师本人就必须具有良好的人格品质，具有美好的精神世界。

教师应具备的专业素质主要分为以下几个层面：第一，任教学科知识；第二，任教学科相关知识；第三，教育学、心理学、学科教法等教育科学知识。对于教师来说，任教学科知识是其从事教学活动所必需的基础知识，它是教师职业发展的基础和前提。具有良好知识结构和较强能力结构的教师，才有可能成为一名优秀教师，任教学科相关知识恰好能够帮助教师完善其知识架构。教育学、心理学、学科教法等教育科学知识对于教师来说更是从事教育教学活动所必备的。教学实践证明，一般情况下成绩斐然的教师具备的心理素质往往表现为热情、真诚、谦逊、宽厚、勤奋、果断，品德素质往往表现为热爱教育、严于律己、淡泊名利、完善自我等。当前，我国对于教师的能力研究已经涵盖了教学研究、教学创新、人际交往等多个方面，形成了一个全面而深入的研究体系。

（二）确定人员需求

在高校中，一般由各学院院长、系主任向高校人事主管部门提出申请，申报年度师资需求计划，一般以人员需求表的形式提出申请。人力资源管理部门收到人员需求信息后，便根据这些人员需求信息与组织内部的职位说明书进行核对，获取目标职位的相关信息，然后依据目标职位与申请院系共同讨论确定招聘的人数及职位要求，选择通过院系内部人员变动（如评教授、副教授等）或外部招聘的方式来填补各院系的职位空缺。

（三）招聘前准备

高校在招聘工作进行之前，还要进行招聘前准备，通常情况下，主要包括三个方面：第一，高校要成立招聘委员会或者教师聘任领导小组，全校教师的聘任工作要由招聘委员会或教师聘任领导小组的成员共同决定，投票表决，不能仅仅由某一成员单独决定，减少教师招聘的随意性与主观性，保证教师招聘的质量；

第二，对教师录用条件达成共识，对于整个招聘工作的政策文件、操作要求、具体流程等方面有一个比较清晰明确的了解；第三，为了使收到的应聘者资料能全面提供高校希望得到的应聘者信息，应该了解教师人才市场情况、发布教师需求信息和接受应聘者的求职申请，并且应有统一化的格式以方便甄选，可以由人力资源部门制订统一的教师职位申请表。

（四）甄选

甄选方法有多种，高校在招聘教师的过程中对应聘者的甄选可以通过面试、笔试、测试（包括身体能力测试、个性测试、智力测试、职业性向测试等）、试讲等方式进行。

应聘者应聘材料的筛选与核查。高校的招聘委员会根据应聘者提供的有关个人信息，参照教师的工作说明书将符合职位要求的应聘者先筛选出来，然后进行下一轮的甄选活动。一般学历、职称、科研成果等因素都是高校招聘教师看重的条件。

1. 面试

面试即招聘方与应聘者之间的面对面评估，旨在深入了解应聘者在基本信息、理论知识掌握程度及表达能力等方面的实力。基本信息涵盖应聘者的姓名、性别、年龄、个性、毕业院校、实习经历、预期薪资等；理论知识掌握程度涉及学科知识、教育学、心理学等方面的掌握情况；表达能力则包括逻辑思维、语言表达、应急反应等能力。当前，针对教师招聘的测评技术仍属新颖领域，诸多问题待解。面试主要审视以下方面：应聘者的仪容仪表与言谈举止、语言表达能力、逻辑思维能力、专业知识水平及应用灵活性、应变能力、自我认知能力、心理素质、成就动机、求职动机、兴趣爱好等。

2. 笔试

在教师招聘过程中，笔试环节具有显著的重要性。作为肩负传授知识使命的教师，对基本知识和专业知识的精通掌握是至关重要的，而笔试恰好能够最为直接、准确地评估应聘者的综合素质。团体知识考试的方式不仅降低了组织实施的成本，提高了操作性及效率，更能确保招聘教师的质量，从而使高校对引进的人才充满信心。

3. 测试

对应聘者进行个性测试、职业性向测试等，可以在知识、专业水平等硬性条件符合高校教师资格的应聘者中，挑选出适合教师工作的人。对于高校教师来说，他们往往需要具备多项能力，不仅需要具备教学方面的相关知识，以及独立完成教学任务和开展教育教学工作的能力，还需要具备出色的沟通技巧和协调能力。高校教师应具备较高的素质修养，尤其是良好的心理素质，才能胜任教师这一工作。但在实际工作中，高校领导往往面临一个难题，即部分新招聘的教师在理论知识和教学方面具备优势，却在人际交往方面表现不佳，难以与学生、同事及领导建立良好互动，人际关系较为紧张。因此，在高校教师招聘过程中，可通过心理测验了解应聘者的性格和心理特点，从而更好地评估其综合素质。

4．试讲

在选拔教师的过程中，试讲是一种被广泛采用的方法，因为许多高校都把“上好课”作为衡量一个教师教学质量的标准之一，试讲也是最能体现教学水平的选拔方式。在规定的时间范围内，教师策划并组织好整堂课的教学活动，并按照预定计划执行教学任务。在应聘者的试讲过程中，高校也能够了解应聘者的个性、教学技巧、业务能力、思想水平等。通常情况下，一堂标准的优质课有着一些基本要求：具备符合素质教育的三维目标；真正地将学生作为主体，学习氛围轻松、活泼，有助于学生自觉主动地参与教学；面向全体学生，针对学生的不同特点分层次教学，让不同层次的学生都能够有所收获，能够增强学生的知识储备，锻炼学生的能力，提高课堂的教学效率等。

经过层层选拔，高校的招聘委员会或招聘主管部门最终做出聘用决定，确定要录用的人员。应聘者与高校通过签订聘任合同的形式，明确双方的权利、义务、责任关系。在聘期内，高校对其进行培训，并为其提供相应的岗位，对其实行合同化管理。双方无论在哪一个环节产生争议，都要依据合同来执行，合同为解决双方争议提供了法律依据。

（五）教师录用

教师录用工作包括做出用人决策和发出录用通知等。

（六）评价

教师的招聘评价工作包括评价程序、技能和效率等，为下一轮教师招聘做好准备工作，也为下一轮招聘提供有价值的信息和可供参考的标准。

二、高校人力资源招聘中的聘任制

高校实行的是聘用合同制。高校教师的选拔与任用都以聘用合同制为核心，而不再按照以往的人事管理制度行事。过去，我国长期秉持职称评定制度，该制度历经漫长岁月。然而，随着社会变迁，我国逐步推行教师职务聘任制度。这一变革表现出我国高等教育正努力迈向国际化、紧密接轨全球的发展趋势。

当前，越来越多的高校开始向社会公开招募优秀的教育工作者。并且，一些高校还在那些处于国际学科发展前沿、实力雄厚、容易获得重大突破的新兴学科，以及有可能达到国际领先水平的国家重点建设学科中设置了特聘教授岗位。这些高校通过多种途径向社会公开招聘条件，那些符合招聘条件的候选人要经过学校、教育组织内同行专家等一轮又一轮的筛选，考核十分严格，当评审完成之后，合格者才能够被高校聘用，成为一名教师，而那些不合格者将被淘汰。

（一）聘用合同制的作用

聘用合同制又称聘任制，是单位与职工按照平等自愿、协商一致的原则，通过签订聘用合同，确定单位和个人的劳动关系，明确双方责任、权利和义务的用人制度。高校所实行的聘用合同制的作用主要体现在以下两个方面。

1. 实行聘用合同制有力地推动了教育体制的创新

在高等教育体系中，人事制度作为一项基本制度，扮演着不可或缺的角色。在很长一段时间内，高校一直奉行党政机关的管理模式，管理方式比较单一、刻板，高校的教职工一旦被录用之后便可以终身任职，这种用人制度比较僵化、封闭，不利于调动广大教职工的工作积极性，不利于高校的教学。目前，随着社会的发展，高校要深化改革，必须进一步推进人事制度改革，引入聘用合同制，而这也符合高等教育的发展需要，在高校人力资源招聘中可以发挥市场机制的作用。同时，聘用合同制有助于个人自主择业、单位自主用人、高校自主办学、政府依法监督，使得整个用人机制更加充满活力，能发挥更大的作用。

2. 实行聘用合同制可进一步调动广大教师的积极性

教育是振兴民族的关键，而教师则是推动教育振兴的重要力量。教师是人类灵魂的工程师，担负着培养社会主义现代化建设人才的历史重任。因此，激发教师的内在动力和充分发挥其潜能，是至关重要的。

聘用合同制以岗位为单位进行招聘，打破了传统的、僵化的用人机制，确保了公平竞争的原则。该制度以尊重劳动、知识、人才和创造为基础，彰显了以人为本的教育理念。目前，随着我国市场经济的快速发展，高校人事部门对教师队伍的管理越来越重视，而聘任制作为一种新型的人事分配制度已被广泛采用。聘用合同制能够活跃教学氛围，建立有效的激励机制和择优机制，实现人尽其才、才尽其用，可以最大限度地调动教师的积极性，发挥其作用，从而不断提高教学效率。

（二）聘用合同制的优势

相比起之前那种僵化的人事制度，采用聘任制，以实际情况为基础，选拔和录用人才，能够实现公正竞争、因事择人、因材施教和精益求精的目标。

实行双向选择的聘用合同制，人才供需双方处于平等地位，劳动者可以自由选择自己想要的职位，高校也可以选择最合适的、最优秀的人才。

教师聘用合同制更加有助于选拔杰出人才，能够培养出杰出的学生，提升教育教学质量。

实行聘用合同制是高校的一项重要举措，有助于建立合理的教师人才结构，同时推动教师队伍的法治化和规范化，从而更有效地配置资源，避免浪费。

聘用合同制能够调动教师的积极性，促使其不断提高素质，使得竞争机制得到不断的优化，促进整个高校教师队伍素质的提高，能在教职工中形成能上能下、能进能出、人尽其才的氛围，使有能力、有责任心的优秀教师能够充分发挥才干与潜力，使那些不思提高教学质量、混日子的教师产生危机感，增加压力，从而不断优化竞争机制，促进高校发展。

（三）实行聘用合同制的主要环节

1. 因校制宜，合理设岗

高校实行定编、定岗、定员，确定各个不同岗位上可聘用人员的数量，使教学科研、管理等各支队伍协调发展。这是实行聘用合同制的前提，也是一个基础环节。设岗应遵循按需设岗和优化结构的原则。依据任务性质的不同，明确各级各类岗位的职责、岗位任职条件和岗位数，要重点保证教学、科研第一线的需要，从紧设置管理和后勤岗位。教师工作岗位的设定是定岗过程中最具挑战性的环节，也是最难的环节。在高校中，对教师岗位进行设置，需要依据教学科研的实际任务与学科建设来完成，还要考虑各个学科专业的发展目标，在这个基础上，才能够更加准确地确定不同学科专业岗位的数量和结构比例，以达到最佳效果。另外，为了促进学科建设和吸引、稳定教学科研急需的高层次人才，高校可以在一些重点建设的学科中设置一些独特的职位，如特聘教授职位和校级重点职位等。

2. 竞争上岗，依法签约

竞聘是聘用合同制的核心，其基本原则是“平等竞争”和“择优聘用”。竞争上岗是聘用中最突出的特点。通过竞争，教职工根据个人特长和意愿选择适合自己的用人部门和工作岗位；用人部门根据需要聘用最佳人选。在实施聘用合同制的过程中，高校人力资源部门不能紧紧把持着高校教师的聘用权，为了使聘用过程更具活力，符合实际，更好地发挥其作用，应当扩大二级单位和学科带头人在聘用方面的自主权。同时，要改革聘用关系的确定形式，之前那种传统的发放聘书的聘用形式过于单一，约束力较弱，缺乏法律依据，应该使用更加科学的、法治化的聘用方法，与社会法治化管理相适应。应当用符合法律规范的合同来确定聘用关系。聘用合同不仅要有明确的聘用年限等一般要求，也要明确双方的责任、权利、义务；特别要体现岗位特点，有明确的任务目标；合同内容要合理、明确、可操作。

3. 聘后管理，科学考核

在聘用合同制的有效运作过程中，聘后管理十分重要，它是确保人事管理制度改革顺利进行的重要保障。要加强聘后管理，重要的措施就是确定严谨的岗位职责和科学的考核机制。在高校之中，针对聘用的任职教师，要制定一个比较严格的考核标准，发挥考核的导向作用，使他们确立一个前进的方向，促使他们能够更加积极主动地参与教学，主动承担更多的教学任务，不断锻炼自己，向着更高的目标而努力。同时，在任职教师教学过程中，高校也要依据这个考核标准对他们进行定性和定量、定期和不定期相结合的考核，并将他们的表现记录下来，建立一个考核档案。这种考核对于一些工作不积极的教师能够形成一种无形的压力，促使其摆正心态、逐步适应周围的环境，积极地参与教学。高校要对教师的职责履行情况进行考核，并将考核结果与晋升和分配挂钩，对于那些符合标准的教师进行续聘，对于筛选出的不符合标准的教师进行解聘。此外，还要注重考核的科学性和可操作性，要确保人事管理的客观公正性，可以在校园网络上建立一套量化考核公示制度，实时地、动态地实现开放性的人事管理。

4. 重岗优酬，按劳分配

为确保高校聘用合同制的有效实施，必须建立一套与受聘人员的工作任务和业绩相匹配的分配机制。根据聘用合同制人员的岗位特点及其在工作岗位上所从事的具体工作内容和性质，可以设计不同类型的分配制度。这一制度应当遵循“按劳分配”和“效率优先，兼顾公平”的原则，也就是说，要在这个原则上，依据各级各类人员所承担的工作任务、工作任务的完成情况等，并按一定比例将工资总额同劳动贡献挂钩，为其发放相应的工资、津贴和奖金。在此基础上，还可以运用特殊激励的分配方法。例如，对那些在学校建设和人才培养方面扮演着至关重要角色的教师发放特别津贴；对那些经过严格筛选的杰出课程或核心课程的授课教师发放教学津贴；对那些取得卓越成就的教师发放成果津贴等。

5. 妥善安置，适当分流

聘余人员分流是实行聘用合同制的重要环节，也是难点所在。聘余人员包括因编制、岗位限制未聘的和不能履行岗位职责的人员。在社会保障体系尚未完善之前，这些人员主要依靠高校内部消化。对待聘余人员，要着眼于教育与提高，要注重岗位技能培训，提高他们的政治业务素质，积极为他们试岗、换岗和重新上岗提供机会。对于落聘和富余人员的问题，要从社会稳定和改革大局出发慎重考虑和解决。对不能履行岗位职责的教师可转聘其他教辅岗位，若不能胜任教辅工作，也可充实到服务经营实体。高校大量使用的临时用工岗位，也可用于安置聘余人员。对于部分自愿向外流动的教职工要积极支持，对于严重违约和违反国家与高校有关规定的人员要坚决予以解聘。

（四）实施聘用合同制的基本手段

1. 法律手段的运用

实施聘用合同制的最主要的手段就是法律手段，高校实施聘用合同制，必须遵循国家相关法律法规。首先，高校必须认识到，聘用合同制作为国家的一项用人制度，必须遵循法治化的原则，运用法律手段确保其合法性和规范性，这是我国依法治国和依法治教的要求。其次，这是由聘用合同制本身的性质和特点所决定的。聘用合同制是劳动合同制的一种形式，聘用双方通过签订劳动合同来确定双方的劳动关系，同时也对双方的权力、责任与义务加以约束，双方签订的劳动合同是具有法律效力的，聘用合同制的组织实施需要遵循《中华人民共和国劳动法》及相关法规和规章。双方之间的这种法律关系并不是依靠双方的行政隶属关系来维系的，而是主要依赖法律来规范的，因此，聘用合同制的实施必须运用法律手段。

2. 行政手段的运用

在实施聘用合同制的过程中，行政手段也是一项不可或缺的重要手段。首先，教职工与高校签订了劳动合同，确定了聘用合同制之后，双方之间就存在着劳动关系上的法律关系，另外，高校还必须担负起对教职工进行行政管理的职责；其次，高校的行政管理是实现落实聘用合同中权利和义务的必要手段。因此，在实施聘用合同制的过程中，必须采用行政手段以确保有效性。实施聘用合同制可运用的行政手段的具体措施有很多，如行政管理制度，具体措施包括制定高校聘用合同制的实施办法、建立岗位聘任制、实行“双待”制、完善教职工考核制度等。

3. 经济手段的运用

聘用合同制的实施需要运用多种经济杠杆，包括但不限于工资、津贴、奖金等。第一，高校需要采取经济手段来吸引高端人才，以签订聘用合同并留住已签约的杰出人才。第二，聘用合同制所涵盖的合同内容涉及双方的经济利益，在实际工作中，要使合同中所包含的这些权利得到保障落实并发挥效用就必须依靠一定的经济手段，对其进行具体化，如合同双方如何获取经济利益，经济利益的分配原则等。第三，对于那些无法履行合同义务的人，除了采取法律手段，还需要运用经济手段来施加限制。

聘用合同制实施中，为了有效运用经济手段，我们可以从以下几个方面入手。第一，通过实施优惠政策，积极吸引杰出人才签约，加入队伍。第二，扩大分配差距，实行多劳多得、优劳优酬的原则。第三，提供经济赔偿。当高校对之前那些符合条件的应聘者进行解聘、辞聘的时候，高校必须根据相关标准提供经济赔偿。第四，针对那些不能履行合同的教职工要收取一定的违约金。

4. 教育手段的运用

实施聘用合同制，教育手段也是必不可少的，它能够影响教职工的认识、行为与情感。对于教职工来说，聘用合同制与其切身利益息息相关，在聘用合同制的一些相关问题方面，双方可能存在着一些相同或不同的见解。针对那些不同的见解，需要双方及时进行协商解决，若不及时解决，就会给教职工带来一些心理压力，将会对教职工的积极性产生负面影响，甚至可能造成一些不良后果。为确保聘用合同制的有效实施，必须借助教育手段，具体方法有以下几种：①加强对聘用合同制实施中的法规、政策和操作方式的充分宣传和解释；②为确保思想教育工作切实有效地贯彻落实，要确定好各种载体；③加强对个别教职工的思想教育工作，以提升其思想境界。

第三节　高校人力资源招聘中的人才测评

一、高校人力资源招聘中人才测评的相关概念

素质测评是指测评主体采用科学的方法，收集被测者在主要活动领域中的表征信息，针对某一素质测评指标体系做出量值或价值判断的过程，或者直接从所收集的表征信息中判断某些素质特征的过程。例如，高校在人员的招聘与录用中，

一般采用情况登记、面试甚至使用测评技术，收集应聘人员的行为事实，然后针对岗位所需要的素质，做出有或无、多或少、高或低、优或劣、可以录用或不便录用等一系列的综合判断。

人才测评是指综合运用心理学、管理学、测量学、系统论、行为科学和计算机技术等多学科的原理和方法，对社会各行各业所需人才的知识水平、能力结构、道德品格、个性特点、职业倾向和发展潜力等多种素质进行测量和评价。科学地测评人才是一切人力资源工作的起点。人才测评作为选拔人才的重要手段，越来越受到企事业单位和个人的重视。目前，许多发达国家已经将人才测评作为人力资源管理决策的重要依据。

二、高校人力资源招聘中使用人才测评的科学性

（一）测评方式客观、公正

传统的人才选拔方法往往具有较强的主观性，过于随意，且缺乏标准化、具体化的手段和工具。这在实际应用中可能导致选拔失误或偏差，进而影响选拔效果。为此，有必要引入客观、公正的评判方法来进行人才筛选。

人才测评技术是一种基于“科学方法”的客观性选择。“科学方法”是指实践证明为准确、全面和方便的测量工具和评价方法。在同类同级岗位任职者的甄选中，人才测评技术运用心理测验的标准化方式，使被测者均处在相同的测试方法、测试题目、测试环境及相同的标准下进行测试和评价，因此，这一方式既客观又公正，能真正体现“公开、平等、竞争、择优”的选才原则。

（二）评价结果准确、可靠

传统选才较常规的做法是看简历和档案，而个人简历和档案的内容多半是高度概括的主观评语，大都无法反映具体情况，也难以考察个人实际的素质能力和水平。传统的甄选考试也只是单方面考察应试者的某一素质水平。人才测评技术是针对某一素质测评目标进行判断与衡量的。人的素质是由一系列素质测评目标组成的一个具有多向结构的目标坐标系来确定的。任何单方面的判断与衡量，都难以真实地把握其实质。人才测评注重考察人的实际能力、经验与业绩、潜在的智能水平、心理本质、职业倾向等，并注重所测内容的全面、完整和多元化，注重从多角度、多侧面去观察和评价一个人，最大限度地减少测评误差。

（三）选才效率高

传统的“伯乐相马”式选才仅仅针对个体进行，表现出一种小生产模式的特征。然而，人才测评技术具备同时对单个个体及一群人进行评估的能力。当前，众多人才测评技术已实现人机一体化，在计算机测量过程中，多个人可同时参与测评，从而显著提高了选才效率，与传统选拔方式相比，效果尤为显著。

三、在高校人力资源招聘中运用人才测评的意义

（一）有利于发现真正的教育事业人才

在高校教师的招聘中，仅通过表面的而且是部分的、不全面的信息（应聘者的学历、工作经历、职称及简单的面试），高校的招聘往往不会很成功。如果一所高校聘用了太多不合适的或对教育事业兴趣不大的人担任教师，那么即使有完善的计划、合理的组织结构和协调的控制系统，学校的教学、科研能力也不会取得长远的成功。为确保高校的长远发展，必须有能够胜任并喜欢从事教育工作、具有很大发展潜力的人员，这便要依靠人才测评，让优秀的适合于从事教育的人才脱颖而出。借助人才测评，在对应聘者有了准确的把握后，高校便可以在应聘者和招聘（未来）岗位之间进行匹配比较，从而做出合理的科学有效的招聘决策。

（二）有利于未来建立起一支高素质的师资队伍

在一个学术梯队中，共同的事业不仅需要每位教师都具备优良的素质，也需要人才素质结构的合理组合。人才测评能全面了解教师的潜在能力、心理潜能和职业倾向等，加深对教师内在发展潜力的认识，预测教师未来的发展情况，从而更好地为教师梯队的配备和建设制定政策，进而建立起一支高功能、高效率的师资队伍。世界上不存在完美的人，但可能存在完美的团队，这是管理学界普遍认同的一个观点，一个完美团队的特点是人尽其才，各司其职，各显其能，全力配合。通过人才测评，预测人的内在潜力可以为组建完美的师资队伍、配备优秀的教师梯队提供可靠依据。

（三）有利于减少不必要的失误

在员工招聘中应用人才测评的作用十分明显，可以降低了经营管理造成的失误。多少年来，我国在各行各业因用人失误而造成的损失不计其数，但因为失误

不好明确计算或无法计算，所以并未引起相关部门的足够重视。从现代管理学观念看，企事业录用员工可以看作购进特殊的生产资源——人力资源。既然是购进生产资源，就涉及质量检测。人才测评技术正是探测人力资源品质的可靠工具，它可以最大限度地避免用人失误造成的损失，为高校把好人才引进关提供科学依据。

总之，人才测评技术的应用实现了人才识别从依靠经验到依靠科学，从观察表象到内审潜质，从评价现在到预测未来的全方位转变。测试者的综合素质和专业水平有待于进一步提高，测评工具有待于进一步完善。对于高校而言，在使用这个工具的时候要慎重，最好是在专业咨询公司的帮助下，结合本校实际，如职位情况、师资队伍总体情况及学校的发展方向等，科学地使用测评工具。这样才能使其在高校的教师招聘中充分发挥作用，增强高校的竞争实力和实现高校的长足发展。

四、高校人力资源招聘中的评价中心技术

（一）评价中心技术的内涵

评价中心技术由基于多种信息来源的标准化行为评价组成。评价中心利用多个经过训练的评价者和多种测量技术进行评价，主要是在专门建立起来的测量情境中对行为进行评定。评价中心将多种不同的评价方式相互结合在一起，包括几种不同的测评方式，如测验、情景模拟测评、面试等。其中的情景模拟测评可能不止一个。评价结果是在对多种方式进行系统观察的基础上整合得到的。通过整合，得到对应聘者行为表现的综合评价。评价中心采用的主要技术有无领导小组讨论、公文筐测验、角色扮演、模拟面谈、案例分析、管理游戏、智力测验、投射测验等。在人员选拔中，评价中心的独特之处在于——它通过专门设计的一些与应聘者未来可能面临的工作情境相类似的模拟情境（活动），观察和评价他们在这些模拟情境（活动）中的行为表现，以预测他们在未来工作岗位上的工作绩效。

评价中心不同于我们传统的纸笔测验、面试等测试工具，它主要通过无领导小组讨论、公文筐测验、角色扮演等情景模拟技术，加上一些传统的测试方法，对人的知识、能力、个性、动机进行测量，从而可以在静态或动态环境中提供多方面有价值的评价资料和信息。由于评价中心采取多维度、多个测评工具、多个测评师来全面考量测评对象，效度比一般测评方法高。根据国外权威机构研究数

据，采用个性测验效度仅为0.39，传统面试的效度仅为0.20，采用评价中心技术选人的准确性可提高到0.65以上①。

评价中心又称评鉴中心，是第二次世界大战后迅速发展起来的一种新型的人事测评技术，是一种比较流行的评价、选拔和培训管理人员，尤其是中高层管理人员的综合性人事测评活动②。萧鸣政将评价中心定义为：评价中心是一种以测评者管理素质为中心的标准化的一组评价活动。它是一种测评的方式，不是一个单位，也不是一个地方。在这种活动中，包括多个主试者采取多种测评方法对素质测评的努力，但所有这些努力与活动都是围绕一个中心，那就是管理素质的测评。

第17届评价中心技术国际学术大会上通过的《关于评价中心的实施标准和道德准则》指出，评价中心由多种标准化的行为评估技术组成，由多名经过培训的观察员记录被试者在行为模拟练习中的行为表现并进行初步判断归类，然后把观察记录结果交由专家评委组成的委员会进行讨论或经由统计方法加以分析整合。

（二）利用评价中心技术招聘教师的步骤

1. 成立专门的测评机构以培训评价人员

评价中心既是一种选拔技术，也是一级人事咨询机构。开展评价中心，选好评价中心成员是一个重要环节。测评者一般由两个或两个以上层次的直线管理者和人事部门或其他职能部门的人员混合组成，应尽量选取知识面广、经验丰富的人员担任评价者，有条件的单位要进行系统的学习训练，以提高测评者的信度。

2. 进行岗位工作分析以构建评价指标体系

对拟应聘的教师工作岗位进行系统分析，确定该岗位需要应聘者具备的能力素质，为评价中心确定将要评价的要素及技术设计提供情景素材。工作分析通常采用重大事件法、面谈法、工作条件法、问卷调查法等进行。由工作分析的结果，得出与应聘者所应聘岗位密切相关的素质要求和其应该达到的标准，再依据这些素质要求和标准构建评价中心的评价指标体系。

3. 建立相应的评价模型进行科学的测评

对人员的综合素质评价属于多指标综合评价的一种，多指标综合评价是把多个描述被评价事物不同方面且量纲不同的统计指标，转化成无量纲的相对评价值，

---

① 李庆丽，李庆锋．利用评价中心技术构建基于胜任特征的教师测评体系[J]．科技信息（学术版），2007（28）：252.

② 萧鸣政．人力资源开发与管理[M]．北京：北京大学出版社，2005.

并综合这些评价值以得出对该事物的一个整体评价。考虑到对人才素质测评一般采用定量与定性方法相结合，且评价中心测评时由测评者根据观测结果进行多方位评定，因而采用模糊综合评价方法建立数学模型更好一些。

4. 选择适当的测评方法，进行情景设计

因为评价中心是以情景模拟技术为核心的，模拟工作情景设计就成为评价中心开发工作中至关重要的环节，情景设计的优劣也会直接影响评价中心的评价效度，即会直接影响对应聘者能力素质测评的准确性。

5. 实施测评与观察记分

测评实施环节实质上是收集测评对象与拟评价的指标维度相关联的数据资料的过程。布置好相关的测评场所及环境，准备好测评过程中需要的各种道具、资料，然后主测人员指导测评对象进入模拟的测评情景，指示测评对象进行小组讨论、处理公文、扮演角色解决问题等。在此过程中，测评者按照评价中心的评价要求进行观察记分。

6. 综合各项指标进行最终评价

评价中心要求测评对象接受多项技术测评，因此，对某一测评对象的综合素质评价需要在所有的评价结束后，由测评者综合分析测评对象在各项评价中心的心理和行为表现，给定评价分，然后根据评价数学模型进行综合评定，最后由测评者讨论议定结果，写出评价报告。

（三）利用评价中心技术过程中要注意的几个问题

1. 把好测评者的素质关

如果说应聘者是千里马，那么测评者就是伯乐，其自身素质直接影响高校所招聘教师的质量。为此，测评前，一定要选好测评者并对其进行政策、业务培训。

2. 测评技术相关分析

由于评价中心采用多种评价技术，在对应聘者进行能力素质测评时会出现一些交叉测试，这就需要在设计测评体系时要进行测评技术与测评要素的相关分析，在评价内容指标与权重上合理分配。

3. 评价中心技术的局限性

首先，与其他评价技术相比，评价中心需要较多的人力、财力、物力，而且耗时长。其次，由于应聘者是在被观察的情况下进行，测评对象可能会因为紧张或抵触情绪而无法发挥出其实际水平。

第四节　高校人力资源招聘中存在的问题及对策

一、高校人力资源招聘中存在的问题

近年来，我国高校不断扩招，新兴学科、新兴专业的大量涌现，使得教学和科研第一线的教师严重紧缺。高校师生比例从 1998 年的 1∶11.6①变为 2022 年的 1∶171②，教师缺口越来越大。很多高校受条件所限，拿不出比较优厚的政策用于吸引人才，这便造成一些热门课程教师后继乏人，出现“断层”，严重影响了高校师资队伍建设。因此，当今高校为了弥补教师缺口，大量引进人才，但忽视了对人员素质进行严格把关。因此，教师招聘已成为我国高校亟待解决的问题。

（一）人力资源规划不足

在高校人力资源招聘之中，存在着人力资源规划不足的问题。高校往往是根据校内岗位人员缺失及往相关经验进行招聘的，并没有进行详细的人力资源规划活动。实际上，对于招聘工作来说，其前提是进行人力资源规划工作，该规划主要包括两部分，分别是总体规划和分类执行规划。例如，在未来一段时间之内，需要明确组织是否需要进行人员补充，如果需要进行人员补充，那么是需要临时补充，还是长期储备；对于需要招聘的人员，选择哪种招聘方式，是内部招聘还是外部招聘；需要对补充人员的工作岗位所需要的素质、能力等进行系统的分析，形成书面的材料与证明，明晰所招聘人员的职务、任务及培训信息。目前，很多高校招聘教师之时往往比较依赖经验，具有很大的随意性，往往是将所需要招聘人员的学历、年龄、职称等信息统一整理之后就形成一个简单的人才引进计划，并没有考虑到学校文化与招聘人才之间的个性匹配问题，也没有考虑到学校的整体学科建设及长远发展，选拔标准过于宽泛，这往往会使得最后的结果不尽如人意。

（二）信息不对称，招聘缺乏针对性

在高校人力资源招聘之中，还存在着信息不对称，招聘缺乏针对性的现象。

① 中华人民共和国教育部.1998 年全国教育事业发展统计公报[EB/OL].（1999—05—01）[2023—05—15]. http://www.moe.gov.cn/jyb_sjzl/sjzl_fztjgb/tnull_842.html.

② 王鹏.全国高校专兼职辅导员达24.08万人[EB/OL].（2022—03—17）[2023—05—15]. http://www.moe.gov.cn/fbh/live/2022/54301/mtbd/202203/t20220317_608427.html.

在这种情况之下，就可能出现人才的逆向选择，即一般单位驱逐优秀单位，一般人才驱逐优秀人才。信息不对称是导致高校人才流失的主要原因之一，尤其对高学历、高资历的教师而言更是如此。在高校招聘之中，由于存在着信息不对称的情况，应聘者倾向关注岗位、薪酬、福利等显性信息，而高校则倾向关注应聘者的学历、年龄、职称等显性信息，对于其中的一些重要的隐性信息则因信息获取途径不畅而只能根据平均水平来进行评估。信息不对称影响高校寻找高素质的人才，也影响高素质的人才寻找综合实力强的院校，因此增加了招聘工作和求职行为的机会成本。

特别是在设立和实施特聘教授职位制度方面，信息不对称的影响不容小觑。每年 11 月底，大多数高校会在人才市场上开展招聘活动，寻求专业人才。然而，尽管参加了一场又一场的招聘会，花费了大量的时间，但是最后真正符合高校要求的应聘者却寥寥无几，未能达到高校优中选优的目标。

（三）招聘工作公开化程度有限

目前，在高校招聘之中，其公开化程度有限，存在着一些问题，有待改进。第一，高校公开招聘工作的制度和程序不够规范，尚未形成一套完善的机制和方法，同时，不同地区和单位的发展情况也存在不平衡和认知不一致的问题。因此，有必要进行深入的研究探讨，使招聘工作更加科学、合理。第二，在公开招聘和决定是否聘用的过程中，专家评价机制存在缺陷，特别是在面向社会公开招聘高层次人才时，需要进一步探索如何客观准确地评估应聘者的水平和能力。高校对于其招聘的人才往往会提供相对应的待遇，有时为了留住人才，甚至会提供十分优厚的待遇，极具吸引力。但是，对于一些经济条件受限的高校来说，这就可能会对校内人才的待遇产生一定程度的影响，从而导致校内人才的心理不平衡。这时候，高校必须深入了解学科专业发展，准确把握引进人才的学科、水平、特点等，以确保人才充分发挥应有的作用。

（四）人员甄选存在问题

在一定程度上，招聘程序是对人才进行测试和评价的过程，通过一定的测试方法对人才的个性、能力、水平等进行评价，然后选取适合的人才。通常情况下，在不同的时代，选拔要求往往也是不同的。例如，在改革开放初期，招聘依据通常为年龄与学历，近些年来，人们在重视学历的基础上开始注重能力等。

高校招聘教师时会关注应聘者的学历证书、各学历阶段成绩单、表达能力、授课效果、思想品德、科研能力等。但是，目前高校在招聘教师的时候往往较为重视学历，对于能力却相对来说比较忽视，同样，高校往往也比较重视智力因素和已有业绩，而忽视非智力因素及应聘者的发展潜力。

高校在招聘之时，往往比较看重应聘者的专业、学历、毕业院校、研究成果等，只要应聘者的专业对口、学历符合要求即可，对于具有研究生学历博士学位的应聘者，高校通常会省略试教这一考察环节，而只是对其研究方向与科研成果进行评估，对于应聘者的个性、从业倾向、能力、素质、发展潜力等方面并不深入探究。实际上，从教学方面来看，应聘者的学历、思想、任教经历、组织能力等会影响其教学能力，是十分值得深入研究分析的。在面试过程中，若仅局限于简易的试讲及与面试官的沟通交流，往往难以招聘到教学水平与科研能力较强的优秀人才。如果招聘到的人才在使用过程中存在不适用或效能不佳的问题，就会导致人才与岗位的匹配度不尽如人意，从而影响其工作表现及优势学科的建设，进而制约高校的发展。

（五）招聘权行使不合理

在我国高校中，普遍存在着招聘权行使不合理的情况，即人事部门和专业学院（系）之间的职责分工不够明确。在高校招聘过程中，通常采用的招聘模式有两种，即集权式和分权式。集权式的招聘是指高校主要行使招聘权，具体用人部门的意见则被忽视。分权式的招聘是指具体的用人部门有相当的影响力，其意见得到充分的尊重，通常高校直接将聘任权下放到院（系）、教研室等具体用人部门，院（系）负责选聘工作，高校最终决定是否聘用。目前，我国绝大多数高等教育机构的教师招聘实行的是集权式的招聘模式，由高校的人事部门行使招聘权力，具体院（系）及部门仅负责对求职者进行相应的考核，并将考核结果反馈至高校人事部门，人事部门可参考考核结果及具体用人部门的意见确定求职者的去留。但是，目前，具体用人部门的意见对于高校人事部门的人员招聘来说并不拥有很大的决定权。而且高校人事部门精力有限，日常事务繁多，在招聘细节上不注意，可能会产生漏洞。高校人事部门往往按照行政命令与计划行使其职能，其决策职能往往会受到约束。

二、解决高校人力资源招聘中存在问题的对策

针对以上高校招聘教师中存在的一些问题，不能仅仅从招聘程序或者说单就招聘这一个方面来寻找出路，而是应该从高校人力资源管理体系中总体协调解决

问题。高校目前在这方面，还没有自主权，同其他企业相比，往往不占据优势，其引进高质量人才的困难程度比较高，不利于高校教学质量与科研水平的提高，也不利于人才的培养。

为了解决高校人力资源招聘中存在的这些问题，吸引更多、更优秀的高素质专业人才，需要从以下几个方面入手。

（一）广泛收集信息并制定详尽的人力资源规划

在进行招聘工作时，信息收集工作是一项至关重要的基础工作，以便更好地进行招聘。高校在制定人力资源规划时需要对自身专业特色、师资力量及未来发展趋势有一定程度上的认识。关于这一方面的内容，具体来说包括：第一，要深入了解学校的文化和独特的个性特征，对学校的优劣势进行明确；第二，需要全面了解学校的学科建设情况，明确中长期学科建设目标，了解学校的整体发展战略，以便更好地推进学校的发展进程；第三，全面了解学校师资力量的现状，如教师专业队伍的年龄结构、学历结构、专业结构等，掌握学校未来的发展趋势；第四，对于目前人才市场供需状况进行了解，从而更好地招聘人才。通过了解以上这些内容，高校人事部门就可以对整个学校的人力资源状况及人才市场了解得更加深入，从而更加清楚地了解学校需要哪种类型的专业人才，以及专业人才的数量；学校可以从哪些方面来宣传自己的特色以吸引优秀人才等。

在广泛收集以上信息之后，高校人事部门就可以制订一份比较科学的人才引进与招聘计划。在制订之时，要以高校人力资源规划为依据，以学校的战略目标和中长期学科建设目标为出发点，在这个基础之上，将其分解为多个小目标，并分布到各个岗位之中，从而确定出各个岗位的人才需求。同时，还要考虑到高校未来的发展趋势及高校教师队伍的建设需要等各方面因素。在高校人力资源招聘过程中，一份准确的、科学的人才规划能够促使高校获得持续稳定的人才供给，促使高校人才资源的增加，促进高校人才结构梯队逐渐趋于合理。另外，在人力资源规划之中，高校还要明确招聘时间、招聘方式、招聘人员等方面的细节，以提供一个可操作的招聘方案。同时，进行工作分析，包括分析工作内容、工作背景及员工的必要条件。其中最重要的是制定岗位说明书，因为岗位说明书规定了该岗位的工作内容、标准、职责范围和任职者的资格条件。高校应该严格按照岗位说明书进行教师的招聘工作，避免单纯追求“学历”或“资历”，以便准确地招聘到胜任岗位的人才。

（二）发布真实准确的信息

目前，由于高校招聘过程中存在着信息不对称的问题，应聘者在进入工作岗位后，往往感到理想与现实之间的落差，从而降低工作效率。为了解决这方面的问题，在公开招聘之时，高校要尽可能采用多种渠道发布信息，全面、真实、充分地介绍招聘单位的情况，尽可能让更多的求职者能够更加深入全面地了解招聘单位，以免以偏概全。这样，求职者不仅能够避免盲目选择工作单位，高校也能够选择其中最符合要求的人。

高校发布招聘信息的一种常见手段就是在报纸、电台上发布招聘广告，随着互联网的迅速普及，目前在微信公众号及高校官方网站之上发布招聘广告也是一种十分常见的行为。在高校官方网站之上发布招聘信息的成本相对来说比较低廉，而且各个岗位的信息往往也比较全面、详细。高校还可以参加各种招聘会，这也是一种常见的招聘手段，在招聘会上汇聚了社会上各方面的人才，挑选的范围比较广阔，而且借此机会，高校也可以扩大学校的知名度。另外，高校针对一些特定的高校发布招聘信息也是一种比较常见的方式，针对知名高校的应届毕业生展开招聘，可以通过这些高校的毕业生管理部门查看应聘者在校期间的综合表现，能够更加准确、客观地评价其能力、素质，还可以与毕业生面对面详谈，针对性比较强。

（三）建立科学的招聘考核制度

在招聘过程中，要想准确地判断求职者的能力、素质等，并不是一件容易的事情，因为求职者所展现出的能力水平和实干精神并不是有形的物质，它无法轻易地被直接观察到。甚至，一些求职者还会故意夸大自己的长处，隐藏自己的弱点，这些都不利于招聘者准确地对其展开评价。为了解决这个问题，必须建立科学的招聘考核制度，有学者提出了如下建议①：①考核步骤要完整。对应聘人员的考核一般分为三步，一是通过面试，二是试讲，三是通过阅档了解其历史表现及对其资历进行印证。②考核内容要全面。招聘者不仅要通过上述步骤严格考察应聘者的学历、资历、知识结构等外显行为，还要通过人员测评等手段对应聘者的个人素质、职业道德、思想价值观念、持续发展能力、与团队合作的能力等隐性因素进行考察。③考核标准要分化。高校师资队伍的层次和工作侧重点各有不同。因此，在选拔录用教师时，要结合高校对教师任务分解的实际情况，进行分类考

---

① 李军，阳渝，伍珂霞．从人力资源管理视角看我国高校教师招聘[J]．当代教育论坛，2006(19)：81-82．

核。录用的高层次学术带头人等，不仅要有较高的学术水平，还要有较强的组织协调能力，能够带领其他教师和科研人员完成科研任务，攻克学科前沿的难关。对于一般层次的教师，就要侧重于考察他们的教学能力、知识结构、研究能力等。这样的分类考核可以确保高校更准确、快捷地录用到合格的教师。

（四）成立招聘委员会

为了解决高校人力资源招聘过程中存在的一些问题，可以成立招聘委员会，实现招聘工作的程序化、制度化和公开化。高校要制定一套十分严格的程序规则与机制，严格按照规定进行招聘，时刻保持招聘工作的严谨与透明，对应聘者考核判断之后由高校教授委员会及招聘委员会集体做出决定。这样做出的决定综合了集体的意见，不容易过分偏向，教师的公开招聘过程并不是一项十分简单的工作，不是聘任求职者然后到岗位工作即可，相反，它是一项十分复杂的任务，更重要的是通过这种方式促使大家改变传统的思维方式与观念，更加积极地参与到教学中去，在自身的岗位上不断激发潜能，发挥价值。在教师公开招聘过程中，要尽可能避免思虑不周的情况出现，以免出现某些负面影响。公开招聘的结果将直接影响高校教师队伍的整体质量，关系教育教学质量的提高和人才素质的培养，也会间接影响整个社会的和谐发展。因此，必须确立一套科学、规范、公正的选拔流程，以规范公开招聘教师的各个环节；在评估教师的岗位条件、权利义务和水平等方面，必须确保公正、客观、准确，以确保评价结果的真实可信。

（五）注重学历的同时注重实际工作能力

在招聘教师之时，不能仅仅注重其学历的高低，还要注重其实际工作能力。高校除了要求应聘者准备个人简历等相关资料，还可以要求其提供一个以上同行专家、教授的推荐信，并且要求其做学术报告及试讲，由学生及专家学者共同决定其是否应该被录用。另外，除学生及专家学者之外，还可以由中介组织对应聘者的背景进行调查，以确定应聘者是否符合高校的要求。

（六）明确权责，拟定合理的招聘程序与流程

在我国高校人力资源招聘之中，还存在着招聘职责分工不明确的现象。针对这种情况，高校人事部门应适当地将权责下放到各级专业学院（系）之中，人事部门与专业学院（系）应当明确各自的职责，建立适当的分工与协作机制，这样不仅能减少人事部门的工作量，同时也使得各院（系）能够根据本院（系）的实际情况招聘需要的人才，使招聘工作更加具体，更加具有针对性。

第三章　高校人力资源的绩效管理

高校的办学水平及教学质量的高低受多种因素的制约，其中起决定作用的是教师的素质和水平。本章为高校人力资源的绩效管理，主要介绍五个方面的内容，依次是高校教师的绩效管理、高校管理人员的绩效管理、高校教辅人员的绩效管理、高校辅导员的绩效管理、高校人力资源绩效管理创新策略。

第一节　高校教师的绩效管理

一、高校教师的绩效管理考核及绩效评价

（一）高校教师管理的特殊性

高校教师可以说是整个教师行业中的一部分特殊群体，其特殊性主要表现在以下五点。

1. 教师本身的高标准要求

高校对教师自身学历、职称及教学水平等有很高的要求，除此之外，高校任职教师还必须掌握所教授学科的最先进知识；在教学过程中，教师不仅要对学生进行知识的传授，还要教会他们做人做事的道理，帮助他们树立正确的价值观，从而为国家培养一批有担当、有能力的人才。

2. 管理的松散性

高校教师除了上课时间是固定的，其他时间都可以自由支配，如备课和课题研究等。对高校教师工作时间的安排缺乏规范性管理，导致教师与教师、教师与校领导间缺乏沟通机会。

3. 评价教师标准的多重性

社会对高校教师这一群体的评价标准非常多，授课质量的优劣、出版专著的能力强弱、发表论文的多少，以及在校内承担的科研任务重要程度、在学生中的受欢迎程度等，都是评价教师的指标。

（二）绩效管理制度的特性

随着市场经济的发展，教育行业逐渐向市场化方向发展，教育行业竞争也越来越激烈，这就要求教育部门建立一个系统的、规范的管理制度来提高教育质量，绩效管理的优势逐渐显现。绩效管理是一个灵活的管理制度，能够实现规则与灵活性兼顾。教育行业的绩效管理制度具备以下八个特性。

1. 公开性

绩效考核是在群众监督下实行的考核，具有公开、透明的特性。

2. 客观性

对教师的评价是多项指标考核的结果，不受校领导或者某个教师的主观印象左右，因此评价结果是客观的。

3. 多元化

高校教师的绩效考核主体是多元化的，其中包括学校领导、教职工、在校的学生及学生家长等。有效避免考核结果出现偏差，是考核主体的多元化的作用。

4. 差异性

高校教师绩效考核标准应根据不同岗位量身定制，避免考核标准的单一性。统一的考核标准容易造成教师团队碌碌无为，大家都不愿意承担挑战新鲜事物的风险，给特色教师的形成和发展造成巨大阻碍。

5. 制度化

绩效考核应制定相关制度，使其能够长期发挥激励和制约作用。

6. 实用性

绩效管理制度的实用性是其长期发挥作用的根本。

7. 可培训性

高校通过培训，让所有教师了解绩效管理制度的主要目的、具体考核内容及操作方法等，使教师对绩效管理制度了解得更加清晰。

8. 可反馈性

实时将考核结果反馈给被考核教师，使其能够针对自身不足，明确努力方向。

（三）高校教师的绩效管理考核的指标设定

1. 高校教师的绩效管理考核指标的设定原则

高校不同于一般的企业单位，运用绩效管理方法评价高校教师工作状况必须给予充分考量。正是基于高校教师这一群体的特殊性，在设计相关政策时需要按照以下五点要求，使其在实际工作中产生最佳效果。

（1）让教师参与绩效管理考核目标制定的每一个细节，绩效管理的考核者和执行者要共同探讨出一个具体可执行的方案，让教师非常清楚自己的目标方向。

（2）绩效管理考核目标的制定要让教师感觉切实可行，并不是高不可攀，只要在实践中注意工作方法，勤奋努力就可以完成。在执行过程中，管理者和教师要勤于沟通，防止出现偏差。

（3）制定绩效管理考核目标要以全面质量管理理论作为基本依据，并鼓励教师全程参与，而不仅是被动的参与者，管理者要重视教师提出的合理意见，尊重他们的积极想法，从而提高整体管理水平。

（4）高校管理者要从实际工作出发，重新定位在绩效管理过程中所扮演的角色，也就是要建立一支管理者与教师共同参与的，能够积极向上的团队，两者之间是建立在互相支持合作关系基础上的，而不是一种居高临下的单向管理模式。

（5）在具体实施过程中，要让教师明白自己的工作绩效和学校总体目标之间的关系，让教师认识到自己工作的积极意义和产生的社会价值。

2．高校教师的绩效管理考核指标的设定过程

（1）进行绩效管理的准备、计划及系统设计

进行绩效管理的准备、计划及系统设计主要有以下三项内容。

第一，将高校的办学宗旨和目标及组织结构进行重新梳理。高校已有的管理制度包括评估教师的教学质量措施、工资福利规定、教师奖励与惩罚机制、教师工作纪律、分析管理层和教师人事绩效管理的水平和满意度的相关制度，以及对教师现有工作氛围和实际工作环境的评估制定等。

第二，充分考虑高校实际状况，制订合理的绩效管理方案，并做到系统化、细节化、程序化和表格化。让每一个参与绩效管理的单位和个人，包括管理者清楚自己的责任，并以文件形式予以明确。

第三，认真分析过去的工作成果，及时总结经验，在充分协商基础上与教师签订绩效管理合约，并建立档案卡。这种建立在协商基础上的管理制度既体现民主精神也有集中管理的成分，是与其他管理制度最大的不同之处。制定绩效管理考核目标要结合学校实际情况与每一位教师充分协商，让教师明确学校对他们的期望值，并最终形成绩效管理考核机制。

（2）系统实施

在绩效管理实施过程中，教师要充分利用制度给予的权利，结合自己的业务能力，按照目标要求努力实现既定计划，从而提高工作绩效。教师在努力按照

绩效要求达成教学目标和科研目标的过程中，要及时与学校管理者、其他教师及学生进行积极沟通，以便及时纠正工作中出现的偏差，不断积累经验，实现目标计划。

（3）绩效评价与分析，诊断、纠正绩效管理目标与计划偏差

管理者和教师要认真分析绩效管理目标达成状况，分析执行过程中出现的问题和取得的成果，找出产生问题的原因，共同探讨解决问题的方案，然后以书面形式展现出来。在具体诊断问题的产生原因时，要认真对待每一个细节，并找出产生问题的可能因素，然后针对这些因素再进一步分析，力求做到细致严谨，找到主要原因。为了更好地了解每一个过程，可以制定相应表格，如出现的问题列表、绩效评价表等。

（4）汇总整理及综合评估，制定提升绩效的措施

在绩效管理考核机制执行过程中要认真分析出现的问题，然后进行评估，并做出具体的可行性整改措施，如从所有反馈资料中找出学校管理过程中出现的深层次问题，制定相关措施并监督执行；按照规定实施奖惩措施并根据产生的问题做出整改计划；对于出现的结构性问题及时调整学校组织系统；进行阶段性总结，然后以书面形式汇报学校领导，以形成动态考核机制。具体奖励措施可以是工资形式，也可以是书面鼓励表扬的形式。对于态度不端正、绩效较差的教师，要根据规定做出相应惩罚措施，可以采取工作调动、不涨薪或撤销相关福利待遇等措施。在适当周期内总结绩效管理考核目标达成情况，总结相关经验以达到新的目标。

（四）高校教师绩效管理的绩效评价体系

要顺利实施绩效管理方案，必须在实践基础上形成一种客观、有效的评价机制，这种评价机制需要做到以下几点。

1. 领导评价

领导评价一般由多人组成的评价考核小组完成，具体实施方法可以是听教师讲课，然后根据具体讲课情况给予正确评分。落实这项工作要注意两方面因素：一是注重考核小组人员构成情况，一般除了学校领导，还要有一线教师参与；二是安排听课并不事先通知，而是在随机情况下进行。在对教师做出综合性评价时，不应只考虑教师的业务教学能力，还要对教师的科研情况、思想道德情况进行考查。

2. 学生测评

在具体教学过程中，教师的教与学生的学之间是互动的，学生能够深切体会教师的教学水平，学生要根据自己的真实感受，客观评价教师的教学行为。在落实评价过程中，学生要认真填写教师教学评价表，实现客观评价、有效评价。因此，要做到真实有效地评价，需要注意以下四种情况。

第一，根据以往评估经验，部分学生对有趣味课程的教师和体育教师有着较高评价，但由于基础课程和专业课程理论比较抽象难懂，学生对这些课程的授课教师评价则较低。针对这种情况，管理者可以有选择性地挑选评价者。

第二，在对教师进行评价之前，首先要做好学生的思想工作，让学生明白教与学是互动的，并不是单纯的片面行为，只有相互尊敬和支持才能实现共同进步，教师的工作成绩和学生的学习成绩才能同步提高。学生对教师的评价应是客观的，应建立在实际教学效果的基础上，所以学生要真实客观地做出评价。

第三，以往对教师的评价一般在课堂上进行，这种利用课堂时间进行评价很容易使学生马虎草率，致使出现偏差。此外，由于评价结果直接影响教师切身利益，要防止出现教师对学生的误导行为，也要防止由于学生对教师存在的畏惧情绪而歪曲评价结果，这种对教师评价有失公正客观的行为，是对绩效考核机制的最大破坏。因此，学校要创建一种文明宽松的环境，同时合理安排时间，给学生一个自由的空间进行客观评价。

第四，除了正常教学，教师还需要经常负责学校的日常事务工作，如监考工作。教师和学生平时都很熟悉，而监考在一定程度上会影响两者之间的关系，继而对评价结构产生影响。因此，要建立学生诚信档案，充分考虑学生的诚信行为对教师评价的影响，要在实际过程中及时总结相关经验，正确处理两者之间的关系，提高评价的可信度。

3. 教学纪律考核

管理者可以采取定期或不定期检查的方式，监督学校纪律的执行情况，及时收集相关信息，确保学校各项工作顺利开展。

4. 教研室同行评议

教研室同行可以根据教师要求，选择合适的听课时间和听课班级对教师进行评议，并仔细填写有关表格。

5. 科研水平

科研水平是高校综合实力和办学层次的重要体现，也是衡量创新人才与高级人才的标志，同时能够有效提升教师的实际教学水平。高校管理者除了注重教师的日常教学行为，还要鼓励教师进行相关科研工作，进一步开发教学资源，提高学校整体教学水平。同时，高校要努力创造一种公平的科研环境，并给予有实际科研成果的教师合理奖励。

综上所述，高校要客观、综合地评价教师的教学行为和科研能力。教师的日常工作非常繁忙，如果片面衡量教师的教学行为，则会影响他们的工作积极性，所以要本着客观、公正的态度和上述五个方面进行考评。在实际工作中，高校应根据实际情况做出合理安排，追求的目标要能反映教师的实际教学行为，提升学校整体教学水平。

二、加强高校教师绩效管理的对策

（一）树立正确的绩效管理理念

由于目前管理者的一些认识误区，在高校教师绩效管理方面存在很多矛盾，所以高校教师的绩效管理问题需要树立以下三种观念。

1. 以教师为本

针对高校教师的人力资源管理，要以教师为根本，树立这种观念是管理体制改革的必经之路，也是教师在自我发展方面的体现。要求尊重教师的意见、建议，对他们的成长进行关注，如在安排教师工作上要把兴趣爱好、特长等考虑进去，提出有意义的建议；尽力帮助教师应对困境；教师需要归属感，这些都是稳定教师队伍的前提，帮助教师做好职业规划，为教师提供更多的培训机会，帮助他们进行自我发展，鼓励他们在教育教学领域进行改革研究，多出成果。

2. 发展性教师评价

新的教育评价理论被提出，即发展性教师评价。这种体系是将教师放在中心位置，也将教师发展提到重要位置。对教学管理进行完善，有助于教师发掘和了解自我潜力，认真履行职责，切实提升自身的教学水平。另外，教师可以不断提高自身的专业水平，更好地完善工作流程，也可以制定合理实际的奋斗目标。教师在制定计划及目标时，应该将个人成长和学校发展充分结合，在增强自身工作能力的同时，促进学校发展。

3. 和谐管理

在高校教师的管理工作中，需要树立和谐、团结的管理观念，在符合学校发展要求的基础上，建设和谐管理体制，并明确绩效目标，激发教师主观能动性，既促进教师成长，也满足学校的发展需求。

（二）改进高校教师绩效管理体系

1. 绩效管理体系的改进思路

改进高校教师绩效管理体系有以下三条思路。

（1）绩效管理要有很强的实践性

绩效管理应简单可操作，一方面不能严重影响管理者及被管理者的本职工作；另一方面，要密切关联教师的绩效改善情况，最终目的是帮助教师改善实际的绩效水平。

（2）绩效管理应该具备较强的适应性

高校教师在教学能力、职位等级及管理方式等方面都具有显著差异性，因而导致教师在教学认知和工作态度上体现出较明显的区别性。针对教师在个性特点及工作能力等方面的差异性，应该选择合理且科学的绩效评估方式，并且要符合实际情况，了解教师的岗位特点，制定行之有效的绩效计划和目标，这就是人们经常提及的岗位要求决定管理。

（3）坚持结果与过程并重原则

绩效管理的终极目的是要改善绩效，从而实现高级目标，高校战略要求不仅要重视教师的工作成果和结果，也要重视工作过程管理。

2. 绩效管理体系的指标改进

关于高校绩效管理体系的指标改进，主要体现在以下三个层面。

（1）素质指标

素质指标主要体现在三个方面，分别是职业道德素质、专业知识素质及专业能力素质。职业道德素质可以分为职业责任、职业作风等指标；专业知识素质具体指与专业相关的理论知识、技能知识等指标；专业能力素质主要包括教学能力、语言表达能力、管理能力及创新能力等指标。

（2）教学指标

教学指标考核一般以教师教学水平为重点考核对象。教学指标具体有教学内容的合理性、教学技能的有效性、教学流程的有序性及师生之间的互动性等。

（3）成果指标

成果指标考核针对的是教师的科研成果，具体指学术论文、课题研究、知识产权及各种科技项目等指标。

3. 绩效管理体系的程序改进

高校教师的绩效管理体系的程序应该不断地改进和完善，强调全面性的绩效考核。

首先，绩效计划阶段。关于绩效的目标与计划，管理者和教师要达成共识。在此基础上，教师对自己的目标做出承诺。

其次，绩效实施与管理。教师根据制订的绩效计划展开工作。在工作过程中，管理者发挥其指导和监督功能，针对出现的问题制定应对措施，并改进绩效计划。

再次，绩效考评。根据双方共同制定的绩效计划，管理者定期考评绩效任务的完成情况及绩效目标的实现程度等。

最后，绩效反馈与面谈。管理者要与教师进行面谈，管理者可以将打分结果进行反馈，教师可以得知管理者的期望值，并在得知绩效成绩的同时，明确自身应该改进的地方。

第二节　高校管理人员的绩效管理

高校管理者的绩效管理，是将与管理相关的工作者看成管理活动的中心，针对管理者展开动态管理，从而增强他们的工作能力。对高校主要的组织者与管理者进行有效的绩效管理尤为重要。

一、高校管理人员绩效管理应注意的问题

（一）明确高校管理者的角色

高校领导也是绩效管理的对象，应以身作则地纳入绩效考核管理体系之中。绩效管理作为一种评价工具，面向的考核对象是所有工作者，除了工作人员之外，还有高层、中层的领导者及管理者等。此外，绩效管理的实施以校长的工作计划为前提条件，各区域管理者的绩效管理主要由高层管理者负责。

1. 管理者

管理者凭借高层管理者所授予的职权，完成一些重大决策和任务。因此，管理者应提高自身业务水平和管理能力。

2. 领导者

领导者是从工作人员中经过层层考核选拔出来的。领导者不仅要具备引领下属工作人员共同实现目标的能力，还应该具备协调、管理及组织能力等。

3. 组织的专业技术人员

高校管理部门的职能性质和企事业单位大致相同，但是有着属于自己独特

的稳定性及规律性。管理者基本上都是从教师群体中选拔出来的，具有从事教研的能力和经历，有从事技术工作的需求，所以中层管理者群体通常有专业技术职称。

传统的角色是被动且压抑的，甚至是保守的，会阻碍员工的发展和成长。随着社会经济的发展，高校管理体系内部的领导角色也会随之发生改变。例如，从决策者发展为顾问、从管理者发展为辅导者、从组织成员发展为合作伙伴，在这种情况下，领导者和工作人员朝着相同目标共同努力，在实现目标的过程中促进个人成长，真正做到共赢。

因此，参与者与被评价对象，包括校长、处长、院长、各科室负责人，在进行决策实行和绩效管理考核施行时，各级领导需要清晰地知道，领导既是监督者也是被管理者。如果要下属认真制定和执行计划，领导者需要心甘情愿地被纳入这一体系中。

（二）主要领导者的执行毅力与决心

不论是企业，还是高校，其绩效管理体系的建立都需要过程，并且随着现实情况的改变需要及时进行完善。主要涉及层面有目标的确定、考核时间和方式等。需要注意的是，在改进和完善过程中要保证持续性和稳定性，从而实现绩效管理体系的完善。

引进国外绩效管理理念和方法。西方管理思维与我国具有显著的差异性，具有直观、定量等特征。在传统思维工作方式下的高校教职工，接受绩效管理必然会有难度，若不想采用传统考核的模式，主要领导者需要有很大的执行毅力和决心。除此之外，从心理角度分析，工作量化对于教职工而言，即将自身劣势和缺点公布出来，教职工的积极性和自觉性必然不高。

中层管理者是整个绩效管理体系中面临挑战最大的群体，也面临着巨大阻力。他们需要时刻保持清醒的头脑，以身作则，增强自身工作能力，并且制定合理且科学的计划及目标，将自己也归入考核对象范畴内。此外，管理员工的能力也是绩效考核的指标之一。因此，中层管理者应该不断提高自身综合能力，尤其是管理能力及工作能力。

二、高校管理人员绩效管理系统设计的基本原则

高校管理人员绩效管理系统设计的基本原则有以下几点。

（一）“三重角色”认可原则

“三重角色”指高校管理者除本身管理者身份之外，还扮演着领导者及技术者的角色，关于其绩效的管理主要体现在道德品质、完成任务情况、价值和贡献大小、综合素质和管理能力等方面，始终秉承着服务于工作的原则。

第一，能够衡量管理者绩效水平的主要指标有业务完成程度、组织成员数量等。为了履行职责并实现绩效目标，应该定期评价被考评者的工作情况。一方面做到客观评价被考评者；另一方面，促进管理者集中注意力，实现综合目标。

第二，考评管理者的领导能力和专业素质，激发管理者在培训及管理方面的能力，实现激励的本质目标。

第三，重视管理者技术业绩考核，不仅能促进管理者管理能力的提高，也会提高管理者的技术水平和学习能力，使管理者在培训和调整方面可以减轻压力，可以发展技术，提高工作积极性。

（二）多层次评价原则

作为高校管理者，应该将职权分配给各组织部门，从而高效率地完成管理工作。高校绩效管理体系主要包括三个层面，分别是领导者、领导团体和专门的业务小组。早期的绩效管理都由领导者独自负责，采取个人绩效水平排名方式，可以促进员工提升自身绩效水平，在目标驱使下，探索最新的方式方法，高效率地完成工作任务，然而，对于领导团体及业务小组的综合评价，却会产生消极影响，也不利于整个组织绩效目标的实现。

（三）科学可行性原则

只有坚持科学的方法，才可以使考核工作得以顺利进行。可行性所谓是考核方案具有可实施性、可比较性及可量化的特征。各高校管理部门的涉及范围和工作内容都是不同的，并且在规模和人数上也不同，抓住管理工作的共性，才能使考核工作有可比性，即在完成工作内容过程中，在定编、定岗、定员、定岗位职责等前提下展开评价与考核，否则无法实现绩效目标。此外，对指标进行量化，减少人为因素影响，进行科学考核，让考核工作更加简化，易于操作，不要人为复杂化，否则会使考核工作失去意义。

（四）时效性原则

绩效考核是对考核期限内的所有成果进行综合评价，不能将考核前的行为计入考核结果，也不能片面地关注比较突出的一两项成果，要尽量延长考核期限，而且要做到绩效数据与考核时段相吻合。

（五）重视反馈原则

需要对反馈进行重视，要求考评者在被考评者接受绩效考核后，与其进行一对一面谈，向被考评者反馈结果；听取对方意见，重视自我评价，对于绩效考核提出意见和建议，帮助对方成长与发展。

（六）部门分类评价原则

领导方式虽然相同，但是效果体现出明显的差异性，有些受到认可，有些则遭到差评。究其原因不在于领导方式，而在于组织规模和工作性质，还有工作人员自身特点和工作态度等，此时领导者的表现方式和员工的反应才具有显著相关性。因此，为保证绩效考核的公平性，要把这些因素进行部门分类，包括教学、行政和辅助单位部门。

（七）全面性与有效性原则

要使考核有效，需要考虑在进行考核工作时影响考核内容的各个方面，尽量全面和完整，以此确保考核内容与工作绩效相关，体现绩效考核的多因和多维。

（八）客观、公正与公开性原则

要抱着实事求是的态度，坚持客观、公正的态度，对高校管理者进行考核。成绩不论多少，都牵扯到主观和客观因素，要客观和准确。针对工作的不同特点，根据实际情况，不能进行主观臆断，掺杂过多个人感情。考核结果应该公正、公开、透明。

三、高校管理人员的绩效评价

（一）高校管理人员绩效评价的内容

如今，我国通过对干部的德、能、勤、绩等方面进行考核，提拔和聘用干部，这也是高校管理人员的绩效评价方式。只有制定完善的考评体系，才能协调四者关系。

在德、能、勤、绩的考评中，德排在第一位，是评价个人的基本标准；能是指业务能力水平，体现个人的综合素质；勤是工作态度；绩是工作成果，德、能、勤共同努力的成果最后转化为绩。因此，绩是德、能、勤的直观体现。

由此可知，对高校管理人员进行绩效评价，要秉承立德为先、以绩为主的绩效评价原则。

第一，德是个人的品德、思想素质、使命感、进取精神、责任心等，对个人的行为强弱、行为方向、行为方式有直接影响。对于高校管理人员，其德主要指政治素养和职业道德。其中，政治素养能够细化为遵纪守法和政治理论两方面，包括爱国、爱党、爱校，坚定不移地拥护中国共产党，走社会主义道路，遵纪守法，对各项政策坚决执行，贯彻落实高校的组织建设原则，一切工作遵循高校的规章制度。职业道德细化为四个要件，即服务意识、爱岗敬业、民主团结、清正廉洁。也就是说，行为人要爱岗敬业，有强烈的职业认同感，有良好的服务态度和意识，发扬艰苦奋斗精神，履职尽责，廉洁奉公，讲团结，甘于奉献，文明办公。

第二，能力包括综合分析能力、业务知识、表达能力、学习能力、创新能力、组织与协调能力、人际协调能力、决策能力等。能力可以进一步划分为语言文字能力、知识水平和应用能力、应变能力、组织能力、协调能力。对高校教育行政管理最有影响的能力是知识水平和应用能力，要突出的是高校管理人员的本岗位、本部门的专业知识，以及结合现代办公技术，高效率地办公。

第三，勤是发扬不怕吃苦、勤奋敬业的优良作风。对于高校管理人员，可以从工作积极性、主动性、创造性、出勤率、纪律性等方面考核勤的情况。将勤细化为工作质量、工作态度、努力程度，即在工作中积极投入，珍惜时间，追求质量和效率；对自己有严格标准，对工作认真负责，出勤率高。高校管理人员要在本岗位中不断开拓进取，努力学习业务知识，不断优化工作方法，追求精益求精，结合现代化的管理技术和管理理念，运用新媒体技术处理行政工作。

第四，绩效是高校管理人员工作的成果，也是绩效评估的重中之重。具体来说，它主要包括日常任务、核心任务、创新任务及紧急任务的完成情况和相对应的工作量。

第五，对高校管理人员进行绩效评估时，要结合高校管理人员的身体情况，包括他的心理素质、生理状况、抗压能力、承受力。当下，市场竞争激烈，工作压力较大，一个优秀的管理者需要具备强大的抗压能力。因此，良好的心理素质和体质是管理者取得好成绩的基础。

由上述可知，德、能、勤、绩、体包含高校管理人员考核的各个方面，其效果是全面的，能够真实反映管理人员的水平能力，但在实际操作中，存在很多困难，如考核过程流于形式。当下，我国高校考评管理人员主要分为以下几个方面。

1. 管理者工作实绩

组织开展活动，需要有明确预期，并希望达到一定目标。对集体与领导者的评价，要建立在上级组织下达的任务完成度，或者领导者自己组织活动的完成情况的基础上。管理者在实际工作中要结合教师与学生的交流情况，学生对教师的评价情况，以及教师日常的工作态度情况，整理建议和意见，综合分析目标完成情况，以及影响目标达成的原因，并归纳入档，集中汇总到人力资源部门；确保激励机制公平公正，并做好培训工作。

2. 政治品德

政治品德是针对管理人员的行为能力和政治品德进行评价和考核，一般包括：能否执行和贯彻党和国家的方针、政策；是否有奉献精神、责任感、事业心、坚韧性、进取心；是否实事求是、遵纪守法、坚持原则、联系群众；是否廉洁奉公、正直；是否有大局观念、理想、民主作风。

3. 领导效能

领导效能指领导者具备的领导效率、能力素质。它的评价指标包含知识素养和政治品质两方面，其中知识素养涵盖众多方面，如法律、政治、经济、社会、管理、心理、个人专业学识、领导才能、决策办事能力、用人效能、时间效能等。这些因素通过工作变成贡献，分为物质和精神两个方面。

（二）高校管理人员绩效评价原则

要对高校管理人员进行有效、正确的评价工作，必须结合三个方面的基本原则，才能将绩效评价落到实处。

1. 客观公正原则

要一视同仁地对待每一位管理人员，秉承实事求是、客观公正的态度，决不能在考评中掺杂个人情感或者主观臆断。高校要根据具体组织的各项管理活动的实施成果，客观地对高校管理人员进行工作绩效评价。一切评价工作要准确、全面、客观。因此，评价者作为评价主体，对评价结果有直接影响，必须坚持客观公正，尊重事实；要将评价结果具体化、数字化，用完整、准确的数据调查，将资料呈现出来。只有如此，对管理人员的绩效评价才能做到客观公正，不流于形式。

2. 民主公开原则

民主公开要求将民意测验、民主评议、管理人员代表组成的考评小组有机结合在一起，采取公开方式，考评各级管理人员，最大限度地确保考评透明度。确保考评透明度需要坚持三点：第一，公开考评方法和考评目的；第二，公开考评程序、条件、对象；第三，公开考评结果，并且对被评价者的某些疑问进行解释和说明。

3. 动静结合原则

一方面，切实提高评价的准确性，使阶段性评价的次数得到增加，从而使评价结果可以准确反映出测评对象的真实水平。但是，该评价方式在于横向比较，能够明显罗列出被评价者目前的水平能力，以及哪些能力达到相应标准；缺点在于对被评价者的发展潜力缺乏针对性的预测。

另一方面，要将延续性和计划性作为评价工作的重中之重，确保评价工作有序开展，并发展为长久的系列活动；利用多次相互衔接、关联评价活动，争取做出有深度、有建设性的判断。该方式有利于考核管理者的纵向发展，从过去的业绩情况，到今后的发展趋势和潜力。该评价方式对管理人员起到很好的激励作用，可极大地激发管理人员的进取心，但缺点在于难以横向比较。

因此，在实际评价中，要将两种方法有机结合，根据实际情况，扬长避短，使考核规范化、科学化、公正化、准确化。

4. 德才兼备、注重实效原则

评价和考核管理人员要坚持德才兼备与注重实效两个基本原则。德指的是管理人员自身应当具备良好的道德品质与正确的政治思想；才指的是管理人员自身的工作能力和业务水平。要紧密结合以上两种原则，对管理人员进行绩效评价，同时要将工作实绩作为考核重点。

（三）高校管理人员绩效评价的方法

按照实际工作，具有针对性的高校管理人员绩效评价方法，通常有如下几种。

1. 具体对照法

具体对照法是一种目标考核方法，它按照基础定义进行目标考核，其考核方式多种多样，但本质都是检查目标的完成进度。具体对照法从不同角度出发，谋求实现目标的最佳方式。制定目标要规范、明确，对有悖于总目标的分目标，不能将其列入高绩效的评价。

在实施具体对照法时，需要先设定明确的考核标准，并以此为依据进行评价。

这需要确保考核标准是规范和明确的，以确保评价的准确性和公正性。同时，在制定目标时，也需要考虑目标的可达成性和挑战性，以激发管理人员的积极性和创造力。

此外，具体对照法的应用也需要考虑实际情况和环境因素。在某些情况下，可能需要调整目标或考核标准以适应变化的情况或外部环境。因此，在实施具体对照法时，需要保持灵活性和适应性，以便更好地实现目标。

2. 关键事件法

关键事件法的评价方式是按照管理人员所处岗位和所承担的责任，根据其创造的价值，结合其付出的努力进行综合评价。该评价方式影响较大，能产生积极的正效应，也能造成负效应，可以对关键工作计划和关键部门进行评价，以确保工作目标在规定期限内完成。

3.360° 考评反馈法

360° 考评反馈法的内容有自我评估、上司评估、下属评估、同事评估、专家评估，以及学校外人员（如家长等）评估。与传统单一的评价方式相比，该评价方式采取多种渠道。利用 360° 考评反馈法，将会获得多元化的被评价对象信息，从而使评价结果更加公正。

第三节　高校教辅人员的绩效管理

一、高校教辅人员绩效考核特征

在高校的发展中，教辅人员扮演着至关重要的角色，是教师队伍中不可或缺的一部分。为了适应我国高等教育改革和发展的要求，这一群体的考核需要结合定性与定量方法，这是考核的基础。同时，考核的结果应该被有效地运用，以提高教辅人员的工作积极性并改善其不足之处。在教辅人员的绩效考核中，应当以绩效为导向，也应注重他们的实际工作过程，与高校战略目标相结合，而不仅仅是单纯地追求业绩结果。

二、高校教辅人员绩效考核方法

只有采用科学的绩效考核方法，才能确保绩效考核的有效实施。目前，人力资源管理中常被采用的绩效考核方式主要包括关键绩效指标法、360° 考核法、平衡计分卡法等。在设计绩效考核系统时，最重要的是考虑各种方法的优点和适用性。尚不存在一种通用的方法能够解决所有绩效考核问题，因此，在选择方法时，需要根据具体情况进行分析，综合运用各种方法设计出更加科学、合理、有效的绩效考核系统。

（一）关键绩效指标法

关键绩效指标是用来衡量组织战略目标执行效果的重要指标。它旨在建立一种机制，通过将组织的战略规划转变为内部员工的活动，逐步增强组织的核心竞争力，并推动其稳健持续的发展。关键绩效指标以组织每年的目标为基础，通过分析员工的工作特点，来确认反映工作表现的关键评价标准，将这些关键评价标准作为衡量员工绩效的量化标准。关键绩效指标是将组织的战略目标逐步分解，并将关键职责分解为可度量或描述的具体指标。从目前来看，它是应用范围最广的绩效评估方法，同时也是最简便易行的。

要确定关键绩效指标，需要明确三个特性：第一，要选取可量化并有意义的指标，并对其进行有效的量化操作；第二，应关注需要紧急改善的数据指标；第三，要抓住影响绩效特征的根本目标，而不是简单地追求指标更少。

在设计关键绩效指标时需遵守 SMART 原则，具体分析如下。

①具体化（specific，S），确保考核指标明确精准，绝不能含混不清。

②可衡量性（measurable，M），意味着可以通过定量手段来测量每个指标，使其具体且实时可获取。

③可接受性（acceptable，A），意味着目标是可行的，可以通过努力去实现。但是目标也应该具有合理性，不应虚无缥缈或不切实际。

④现实性（realistic，R），指目标是实实在在的，可以证明和观察。

⑤时限性（time-limited，T），是指工作任务必须在规定的时间内完成，不能无限期地拖延。

明确目标作为关键绩效指标的优势，源于其对组织战略目标的逐层解析，有助于实现个人目标与组织目标的高度协同。这样一来，个人实现自己的目标也将有助于实现组织的战略目标。这种方法的不足是指标有时比较难界定，尤其在将总体战略目标逐层拆分为定量指标时，这些指标是否对绩效产生关键性影响是难以界定的。此外，如果过度依赖考核标准，就会忽略某些弹性因素和人为因素，从而导致考核结果争议不断。

（二）360° 考核法

360° 考核法涵盖了上级领导、同事、下属员工、自身及服务对象等多个层面，通过收集行为特征和影响信息，进行评价和反馈。

360° 考核法有几个显著的优点。首先，这种考核方法简单易行，人们可以通过各种方式对其上下级、同级和服务对象进行全方位的评价。其次，这种方法可以综合全面地反映被评价者的情况，因此评价结果具有较高的民主性，管理者可以获得第一手资料。同时，这种方法打破了以往上级直接考核下级的传统考核制度，通过采用 360° 考核法，可以获取更为全面和准确的信息，从而为管理者提供更有价值的参考。另外，360° 考核法可以表达不同评价者对同一个被评价者的不同评价见解，这有助于被评价者进行全方位的自我反思，从而使其工作能力得到有效提升。

（三）平衡计分卡法

平衡计分卡法是一种由哈佛大学罗伯特·卡普兰与大卫·诺顿教授所提出的有效的“未来组织绩效评价方法”。这一方法的设计初衷是为了满足企业的战略发展需求，其中包括了服务对象、财务、内部流程设置、学习和成长四个维度。平衡计分卡法是一种创新的战略性绩效管理方法，通过将这四个维度纳入考核制度中，来支持企业的发展战略并提高绩效管理水平。

平衡计分卡法革新了过去只考虑财务成果的企业绩效管理方式，其作为一种新的管理工具和管理理念，在不同领域得到了广泛的运用，也逐渐被更多地应用于事业单位的管理中。平衡计分卡法以全局的战略目标作为基础，通过深入了解和分析各部门的任务，将总体战略目标详细划分为四个方面，即服务对象确认、财务控制状况、创新与发展及内部流程设置。使组织在做出决策时，能够兼顾多种不同的类型和方式，且将它们紧密结合起来。

我国高校在使用平衡计分卡法进行管理时，需要根据事业单位的性质和特点，重点考虑高校的非营利性，以便在财务控制状况、服务对象确认、内部流程设置和创新与发展等方面进行有效管理。高校旨在提供教学服务，并确保教学活动正常运行，以满足教职工和学生的需求。平衡计分卡法的优势在于能够有机地整合组织的战略目标和各职能部门的工作，帮助管理者更轻松地把握各职能部门的详细情况。该方法通过提高员工的工作热情，在个人目标得以实现的同时，保障组织目标的顺利实现。

第四节　高校辅导员的绩效管理

绩效管理是管理者对员工的业绩做出考核，并给出相应评价，再通过对业绩进行分析改进，从而提高业绩达到目标水平。

绩效考核是对于员工所做工作以一定的科学方式进行考察，其目的是对工作完成程度和标准有所掌握。该过程公开、透明，且考核后会给予员工反馈，使得员工得知自身的不足之处并加以改正，有助于促进员工个人的发展和整个企业的发展。因此，在绩效管理中，绩效考核是非常重要的。但是，从宏观上来看，绩效管理是一个整体的管理系统，在这个系统中更注重的是员工与员工以及员工与组织各个部分之间的关系。

绩效考核占据如此重要的地位，故在高校管理中该项程序也是必不可少的。从实际的情况来看，高校辅导员需要参与到业绩评估和绩效考核中来，但是此种绩效考核方式有别于日常考核方式，对于辅导员的考核更注重的是绩效管理理念，而且在不同的考核时期，也应当注重不同的考核标准，在考核前期更应该注重员工的素质及制定的绩效目标，在考核中期应该注重考核信息的反馈与沟通，在考核后期则应该注重应用及提高业绩的方式。

一、高校辅导员的职业特性

辅导员的工作拥有其本质特点，辅导员的劳动时间和劳动对象及劳动量都与其他员工不同。辅导员的劳动对象是学校的受教育者，即大学生。大学时期与中学时期相比，学生会有更多的自由活动时间。但是大学生作为初入社会的群体，其思想的成熟还需要一个过程，所以并不能对自己的行为有相应的认知和责任感。辅导员的劳动时间并不是完全固定的，虽然上班时间规定是 8 小时，但是根据学生需要，必须做好 24 小时随时待命准备。

初等教育阶段学生的行动受到学校和家庭的共同束缚，其人身安全有所保障。到了高等教育阶段这些条件都不再具备，所以学生的活动很难把控，这些都使得高校辅导员需要时刻坚守岗位。对辅导员的绩效评估最重要的是把握其工作的特殊性。

（一）劳动空间的广延性与时间的延展性

高校辅导员主要与校内学生进行沟通，并对他们进行教育，所以大学生是高校辅导员的劳动对象。沟通和教育的方式可以是多种多样的，如开展教育活动，或是将学生请到办公室询问情况，或者到学生寝室走访。因为大学生有丰富的课余时间，所以课外活动相对较多，其行动也较为自由。学生的活动范围不会局限于校园内，所以辅导员服务的空间必须拓宽。

随着学生活动空间的不断扩大，辅导员的劳动空间也要相应扩大，劳动时间是根据学生在校时间制定的。虽然辅导员不是随时都在工作，但要时刻准备着为学生服务。在突发状况出现时，辅导员必须及时赶到。

（二）劳动的外显性与内隐性相结合

辅导员的工作具有易于量化、容易观察的外显性。辅导员和学生沟通的次数和时长，以及其开展活动的时间和次数都是可以记录的。但是，辅导员的工作也具有不易观察和量化的内隐性，因为辅导员的教育是间接指导，工作带有一定的内隐性。例如，建立良好的师生关系和心理健康观察与咨询都是无法计量的劳动，也就难以量化和直接观察。

（三）劳动过程的可控性与结果的不完全可控性

辅导员的劳动时间受学生制约，但其劳动过程是由自己支配的。对于学生的教育，什么时间教育、在哪里教育、如何教育，都是辅导员选择的结果。正是因为辅导员的劳动对象是学生，学生有不同的性格特征而且数量庞大，也会有相当大的变动，所以劳动的结果是不能完全控制的。除此以外，学生的身心发展不平衡性导致其不能对自己的行为负责，不能承担相应后果，使得劳动结果也不完全可控。

（四）行动的相对自由与心理的巨大压力

辅导员的工作空间广阔，不仅包括校园内的教室、办公室、寝室等区域，还包括校外空间。辅导员的劳动空间具有广阔性、时间上具备延展性，所以在安排时间时要根据事情的轻重缓急合理分配。因此，辅导员应具备强大的心理素质。辅导员的心理压力来源广泛，可能是学生也可能是工作量，还有可能源于社会风险。

二、绩效管理理念下的绩效考核

因为绩效考核和绩效管理之间存在差异性，所以要对高校辅导员进行绩效管理理念指导下的绩效考核。

（一）明确绩效考核目的

在高校中，对于辅导员的绩效考核，其目的是提高绩效，而不是为了给辅导员评定职称、确定绩效工资、评奖评优等。高校通过绩效考核可以发现辅导员及辅导员团队的短板。根据短板制定特定的培训方式，使整体的绩效得到提高，使辅导员团队的整体素质获得切实提升，是绩效考核需要达到的根本目的。

（二）确定多方参与的多元考核主体

辅导员的绩效考核应该由多方参与，有多个考核主体。现在的辅导员绩效考核基本是在学生处的指导下，由院（系）直接领导，由所在院（系）的直接领导者根据平时收集数据获得辅导员的绩效标准，这是不严谨的。高校辅导员从事的是学生管理教育工作，对于辅导员的绩效考核机制应该实行多元主体、多方参与形式。学生能够最确切地了解辅导员的工作效果和责任心等，院（系）管理者能够了解辅导员的出勤情况、工作量等，同事之间也可互相评价，所以辅导员的绩效考核应该由三方共同评价，形成多元化考核机制，确定多方参与的多元考核主体。

（三）构建多维度的考核指标体系

为了确保体系考核的多元化，前提是构建可信度高和效率高的考核指标体系。构建高校辅导员的考核指标体系应该以绩效管理理念为指导，并且以辅导员的工作特性为核心，注意以下三点要求。

1．注重定性与定量指标的结合

辅导员的工作有显性和隐性两方面，对于辅导员的绩效考核应该将定性与定量指标相结合。对辅导员的显性工作进行量化，以便于定量统计；辅导员的隐性工作是难以定量的，但是隐性工作甚至比显性工作更加重要。因此，在全面性、公平性的前提下，应该对辅导员的绩效进行定性考核和定量考核。

2．品质特征性、行为过程性与工作结果性相统一

高校辅导员的绩效考核标准应该由品质特征性、行为过程性与工作结果性三点相统一确定。大学生正处于“三观”形成期，辅导员不仅要在学习上对学生进行管理，也要在思想上对学生进行教育。

学习并不会立刻起到作用，但是在思想方面则会对学生产生重大影响。因此，对于辅导员的考核，行为过程性所占比例应该大于工作结果性指标。对于辅导员的绩效考核应该将三种性质统一，不能只考核工作结果。

3. 考虑辅导员的个体差异

由于辅导员之间存在各种差异性，对于辅导员的绩效考核需要制定有个性的绩效考核标准。对于职称高、学历高、工作时间长的辅导员，薪酬标准要提高，从而体现出人力资源管理理念，薪酬应与绩效相关。

（四）绩效考核应注重个人绩效与组织绩效的统一

高校辅导员主要是以各个院（系）为团体管理学生，各个院（系）的管理团队统一由学生处指导。将组织绩效计入辅导员的绩效考核，不仅可以提高组织绩效、增强团体意识，也可以发现各个院（系）之间的辅导员团队在教育学生和管理上存在的差异性，从而在大局上更加科学地评估辅导员的绩效。

（五）注重反馈与沟通的考核过程

在对高校辅导员的绩效考核中，还需要注重辅导员绩效的反馈与沟通。在绩效考核前期，管理者应该与辅导员就考核目标进行沟通，达成一致的、双方都认可的结果。在辅导员的日常工作中也要注意沟通，对于工作中的积极方面要给予鼓励；对于工作中出现的不足之处也要及时指出，共同解决，从而提高绩效。

沟通方面如果做到位，绩效的提高则是必然出现的结果。在绩效考核结束后，需要及时将绩效考核结果反馈给高校辅导员，考核结果既是终点也是起点，绩效考核是对个人的客观评价。通过绩效考核，个人和组织的绩效才能不断提高。

在高校辅导员变得越来越职业化和专业化的情况下，更应该注重对辅导员的绩效考核。各个高校的领导层需要根据辅导员团队的自身实际，遵循绩效管理的理念，建立严谨的辅导员绩效考核系统，更好地进行高校辅导员的考核工作。

第五节　高校人力资源绩效管理创新策略

一、高校人力资源绩效管理创新的作用

（一）有利于深入挖掘教职工潜力

高校人力资源绩效管理工作人员可以借助大数据，对现有的教职工电子档案进行详尽的研究和整理，并将这些数据整理成易于观察的形式。高校的管理层和

领导者可以通过查看和分析这些数据，了解教职工的工作状况、绩效及他们的实际职业能力。

通过了解教职工自身的职业能力和相关教学状况，深入挖掘教职工的潜在能力，在此基础上制定相适宜的规章制度和奖惩措施具有以下两点作用：第一，有助于加强对教职工的管理和监督，确保教职工的工作表现符合规定要求；第二，可以更加有效地维护教职工的利益，同时实施切实可行的奖惩制度，极大地鼓舞和激发教职工的工作热情和工作积极性。

此外，通过大数据技术将社交网络应用于高校中，教职工就可以在社交网络上进行及时的互动交流，实现信息的平衡和对称，促进工作的交接与信息的传递。这能够为教职工提供很好的信息交流媒介。在高校内部，教职工之间的互相交流往往包含着一些针对高校的发展及教师工作方面的意见或建议，高校可以充分利用和分析这些信息，进行相应的修改和调整，从而营造出一个让教职工满意的工作环境，进而提高高校的凝聚力和向心力，为高校的未来发展打下良好的基础。

（二）有利于高校构建有效的人才数据管理模式

相较于传统的人才管理模式，基于大数据的人才数据管理模式更加直观、便捷和有效。在高校人才管理过程中，相关决策者可以运用云技术和移动互联网平台来发掘数据之间的潜在关系，从而更快地寻找符合当前人才管理需要的途径和方法。这种方法可以帮助高校摆脱烦琐复杂的传统日常管理事务，提升高校人力资源绩效管理效率，有助于推动高校的健康发展并保持持续增长。

（三）有益于提高高校人才规划的科学性

大数据的主要功能在于整合和分析高校工作中所产生的数据，从而生成更加直观、易于分析的结果。这些结果可以被呈现给高校管理层，帮助他们更为快速地了解高校的现状，并做出相应决策。通过对数据分析技术的利用，管理层可以把握高校的发展状况。

高校为了能够实现长期的可持续发展，对于人才培养必须予以重视。通过大数据分析每位教职工在平时的工作表现和教学能力，高校管理层能够及时把握人才的发展动态，并通过对人才能力的准确评估，实现科学的职业规划，将每一位人才都安排到适合他们的岗位上。这样做不仅有利于高校人力资源的合理配置和优化，也能够更好地保障人才的职业发展，使人才能够发挥自身所具备的才能，从而有效提高高校的整体教学水平。

二、高校人力资源绩效考核现状探究

从目前来看，虽然大数据技术已经日趋成熟，但是在高校人力资源绩效考核方面仍存在许多问题。这主要是因为高校管理理念和相关决策层的思想观念存在一些问题，所以大数据技术应用得不充分，从而导致高校人力资源绩效管理理念和方法滞后。

（一）高校人力资源绩效考核理念混乱

很多高校都希望通过引入企业人才绩效管理的方法来更快地与社会、企业接轨，并将这些方法应用到高校教职工的个人考核中，以便培养更多的技术型和实践型人才。可以这样说，采用企业的人力资源绩效考核方法对于教职工的个人成长、业务能力提升及整个学校的教学水平都有很大的推动作用。然而，许多高校在采用企业人力资源绩效考核方法时，因为缺乏自身的理念和执行力，往往只是模仿企业的管理方法，流于形式，只为了最终的考核而考核，却没有将高校教职工的发展纳入考虑，也没有根据高校的自身特点和教学需求构建适合的人力资源绩效考核模式。因此，这种做法导致高校的人力资源绩效考核理念混乱，对高校的发展产生了一定程度的负面影响。

（二）缺乏健全的绩效反馈机制

考核绩效反馈结果的目的在于，让被考核者可以及时获知自身工作表现的情况，包括优缺点，帮助被考核者找到提高自身的方式，全面认知自身优势，为个人发展规划提供参考，并在未来的工作中根据具体情况进行适宜的调整。然而，目前高校中的绩效评估反馈机制还存在着一些不足，较为关注成功的经验，而忽略了对于现存问题本质的分析。这种片面化的做法会对人力资源绩效考核产生一定程度的不利影响。

（三）没有构建更加科学完善的绩效考核机制

随着高校招生规模的扩大，高校的教职工数量和师资力量正在快速增长。虽然高校整体发展迅速，但是基础设施建设跟不上步伐，包括内部治理、管理水平、人力资源绩效考核机制等。

目前，高校人力资源绩效考核机制存在两个主要问题：第一，绩效考核制度不健全，考核结果不能全面反映教职工的工作状态及职业能力，因此在一定程度上也就失去了考核的实际意义。第二，部分高校在人力资源绩效考核方面存在不够完善的指标体系。除了考核学生的期中、期末成绩和毕业作品，一些高校没有考核教职工的创新、实践和服务学生能力，从而忽视了促进教职工职业发展的重要性。这种不健全的人力资源绩效考核体系不能有效地推动学校的进步与发展。

三、高校人力资源绩效管理创新措施探究

（一）设计绩效考核指标，完善人力资源考核机制

随着大数据技术的日益成熟，高校人力资源绩效考核指标需要采用一种定性和定量相综合的方法。除了使用定量指标来评估教职工的教学能力、教学方法、教学结果和学生满意度以外，还需要将教师的职业态度、工作热情、创新能力和服务态度等作为考核的硬性指标。

将定性和定量指标进行有机结合，有利于更为全面、科学地评估教职工的职业状况。同时，采集数据、分析数据并进行合理的绩效考核，有助于人力资源考核机制能够更加完善。

（二）构建科学完善的绩效考核结果反馈机制

高校需要建立更加科学完善的绩效考核结果反馈机制，以保证绩效考核中的重要环节能够顺利进行。在实际的反馈过程中，为了帮助教职工能够更好地认识自我，高校应该在反馈机制中扩大对于信息化渠道的运用，如加强反馈数据的收集，建立更为便捷的反馈渠道等。通过反馈结果，高校可以为人力资源调动和制定合理分配决策提供科学的理论依据。

（三）扩大高校人力资源绩效考核的数据来源

1. 基本数据

基本数据包括高校教师的年龄、性别、学历及工作经验等。将这些基本数据录入计算机系统，能够对教师的基本状况一目了然。

2. 动态化数据

动态化数据主要是高校人才在人力资源中的流动数据。例如，在一个招聘周期内对内部教师的流动率及人员的流失率进行分析，来判断高校人才是否有较强的竞争力。

3．质量数据

质量数据包括教职工的出勤率、学生和家长的反馈信息等。搜集这些数据并对其进行分析，对构建一支高素质的师资队伍有着非常重要的作用。

随着社会不断发展进步，高校需要创新人力资源绩效管理方式，以适应当前高校人才发展的需求。只有这样，才能够使人力资源绩效考核机制更好地满足时代要求，进而推动高校的发展，培养出更多的优秀人才。

第四章　高校人力资源的薪酬管理

高校薪酬管理作为高校人力资源管理的重要内容之一，也是高校管理中的热点和难点。薪酬管理是高校人力资源管理的有效调节措施，也是高校吸引、稳定优秀人才的手段。本章为高校人力资源的薪酬管理，依次介绍了高校人力资源薪酬管理概述、高校人力资源薪酬体系设计、国外高校人力资源薪酬管理现状、我国高校人力资源薪酬管理中存在的问题和改进措施四个方面的内容。

第一节　高校人力资源薪酬管理概述

在 21 世纪这个知识经济的时代，人才所具备的重要性，已经超越很多其他因素，成为影响国家综合实力和发展前景的关键方面。在知识经济时代，知识已成为社会经济发展的主导要素。以智能为代表的人力资本成为推动知识经济持续发展的动力所在，而教育则扮演着开发人力资本，传递、推广和创新知识的重要角色。可以这样说，科技是知识经济的核心，人才是知识经济的关键，教育是知识经济的基础，特别是培养高素质人才的高等教育。因此，在知识经济时代，高校在社会中的重要性大为提升，同时，作为知识工作者的教师的价值也得到了相应的提高。但是，我国高校目前的薪酬与福利制度还不够完善，结构单一、管理体制僵化等问题仍然存在。这些问题对于教师的积极性产生了一定程度的负面影响，导致许多优秀教师频频出走。基于此，设计一套完善合理的薪酬与福利管理体系以有效地激励优秀教师，是高校提高自身竞争力的关键所在。

一、高校人力资源薪酬的内涵

（一）薪酬的概念

薪酬是指员工因向组织提供劳动或劳务而获得的各种形式的经济收入及有偿服务和福利。薪酬可分为经济性薪酬（货币形式）与非经济性薪酬（间接形式）。经济性薪酬是指以物质形态存在的各种薪酬，主要可分为直接形式的薪酬与间接形式的薪酬两大部分。直接形式的薪酬包括基本工资、绩效工资、特殊津贴和其他工资等，间接形式的薪酬包括社会保障、员工福利和其他补贴等。非经济性薪酬是指员工由于工作本身所获得的非货币形式的奖励，如表彰嘉奖、荣誉称号和奖章授勋等。

（二）薪酬的功能

1．补偿功能

组织成员在劳动过程中消耗脑力和体力，通过劳动得到的报酬可以用来购买物质生活资料以恢复脑力和体力，从而保证劳动力的可持续使用。并且，组织成员为了提高劳动力素质，要进行教育投资，从而实现劳动力的增值再生产，同时还要承担家庭的经济责任。在市场经济条件下，对以上两方面的补偿不能完全由社会来承担，有相当一部分要由个人来承担。对于组织成员来说，通过薪酬的取得，以薪酬换取物质、文化生活资料，就可以保证对劳动力消耗与劳动力生产费用支出的补偿。

2．激励功能

激励功能主要表现在公平、合理的薪酬水平与制度方面，既能够满足成员的基本生活需要，让成员能够产生一定程度的安全感及对于预期风险的心理保障意识，从而增加对组织的归属感，也可以满足成员追求成就等更高层次的需求，从而提高成员的积极性。激励功能主要体现在对员工过去工作成就的认可和对未来工作行为和绩效的牵引方面。总之，薪酬的激励功能可以逐渐推动人由最初的生理需要向成就需要的逐级跨越。

3．调节功能

薪酬的调节功能主要是指薪酬的差异可以促进人力资源的合理流动和配置。在劳动力市场中劳动供求的短期决定因素是薪酬。薪酬高，劳动供给数量大；薪酬低，劳动供给数量少。

因此，科学合理地运用薪酬这个经济参数，就可以引导劳动者向合理的方向流动，使其从不急需的产业（部门）流向急需的产业（部门），从发挥作用小的产业（部门）流向发挥作用大的产业（部门），从而使人力资源的合理配置能够切实有效地实现。

（三）薪酬理念的种类

薪酬理念主要分为市场供求的薪酬理念、人力资本投资理论的薪酬理念、公平理论的薪酬理念及战略目标的薪酬理念四个类别。

其中，前两种理念是从经济学角度对薪酬支付的理解；第三种理念则从心理学视角出发，重视员工的心理公平与满足感；而最后一种理念则强调的是从企业战略的角度出发，思考如何通过薪酬来获取竞争优势。

1. 市场供求的薪酬理念

薪酬是企业为员工提供的劳动报酬，这一付酬理念并不是以员工个人劳动量的多少作为依据，而是根据此类人员市场供求状况来决定薪酬的数量。

员工的薪酬水平通常是由劳动力市场上供求双方的均衡情况所决定的。当劳动力需求曲线和供给曲线产生交点时，劳动力市场达到均衡状态，此时能够得到一个均衡的工资率，而这一均衡的工资率就是该类人员的薪酬水平。当出现供过于求的情况时，员工的薪酬水平比市场均衡水平低；但是，当出现供不应求的情况时，企业则需要支付给员工高于市场均衡水平的薪酬。

随着市场经济的进一步发展，竞争压力不断加剧。伴随着人力资源竞争在企业竞争中战略地位的形成，薪酬制度的根本目标便是通过薪酬来吸引和留住人才。因此，企业应该考虑到人力资源的稀缺程度对薪酬水平所产生的影响，并建立起基于市场供求的薪酬制度，以提高薪酬的激励效果。

2. 人力资本投资理论的薪酬理念

薪酬是企业对劳动者为获取相应工作能力所进行的人力资本投资活动的回报。从人力资本的角度来看薪酬问题，认为员工所付出的劳动是其人力资本的贡献，而员工所获得的薪酬收入是人力资本的收益，并且这种收益的多少取决于人力资本和货币资本的博弈。

随着知识经济的到来，人力资本的概念已经慢慢替代了人力资源的概念，企业越来越强调人作为一种资本的能力，即如何通过对人进行投资来获取收益的能力。显而易见，基于人力资本投资理论的薪酬理念已成为一种重要趋势。

3. 公平理论的薪酬理念

在公平理论中，员工通常会考虑自己的收入与付出之间存在的比例，然后与其他同事的比例进行比较，或者与自己之前的收入与付出之间存在的比例进行对比。当员工进行这种对比之后，会有一种公平或不公平的感受，这种公平被称为“分配公平”。

此外，员工还会以企业的“制度”作为参考，以产生公平感。这里的“制度”指的是组织中和个人利益有关的一系列政策和制度及这些政策和制度的应用，包括组织内部的明文规定和隐含的不成文规定。如果这些政策和制度公开、公正、透明，员工就会感受到公平，这种公平被称为“程序公平”。

4. 战略目标的薪酬理念

传统的薪酬理念主要是通过经济学角度与心理学角度对企业的薪酬问题进行思考。经济学更倾向依据市场行情决定薪酬水平，而心理学则更注重满足员工自我实现的内在需求。

在知识经济时代，由于竞争越来越激烈，企业和组织中员工的工作性质和工作动机也更加复杂，作为激励和约束手段的薪酬管理已经不再局限于操作、技术和制度方面。相反，它开始逐步被视为对于企业战略实施至关重要的人力资源管理手段之一。目前，薪酬管理已成为辅助企业战略实施的重要工具，并被纳入企业战略框架中。

如今，现代企业越来越重视薪酬管理与企业战略目标之间的关系，将薪酬视为企业战略层面的重要组成部分，以探讨采用何种薪酬策略和管理系统能够支持企业竞争战略，并可以有效地帮助企业获得竞争优势。

（四）高校人员薪酬的概念

基本工资、可变工资及福利三部分构成了高校人员的薪酬。高校人员根据工作性质的不同、岗位职责的不同，总体上分为两大类人员，即教学人员和行政人员。

教学人员就是负责高校日常的教学任务，直接与学生打交道的人员，主要包括高校教师和教学技术辅助人员。行政人员一般从事教务、党群、后勤服务等工作，主要包括行政管理人员、工会和后勤工作人员。

我们以教学人员为例，主要侧重高校教师。基本工资就是薪酬中的固定部分，由国家工资及各种政策性补贴构成。可变工资由岗位津贴、课时津贴、科研成果奖金等组成。

根据教师的工作能力、贡献、工作年限等，高校教师的岗位等级可以划分为教授、副教授、讲师和助教四档，不同的岗位等级对应不同的基本工资。其中，岗位津贴和课时津贴在可变工资中占据主要部分。岗位津贴是根据院（系）所设置的岗位责任，完成不同岗位工作所得到的津贴。课时津贴是在岗位责任要求之外，根据教师所承担教学任务的数量而发放的工资。科研成果奖金是为了鼓励教师从事科研工作，根据其承担的科研任务、发表的科研成果数量等发放的奖金。在当前高校中教学收入仍然是教师的主要收入来源，科研收入的比重虽然与以前相比有了大幅度的增长，但依然处于弱势地位。

福利作为薪酬的一部分，渐渐受到我国高校的重视。除了法定的五险一金，大部分高校还为教师提供了多种补充福利，如带薪休假、补充医疗保险等。但总体来看，福利在薪酬中所占比例还较小，其所起的激励作用也不够明显。

对于行政人员来说，他们的薪酬与教学人员的大同小异，基本工资是固定的，主要依据职务等级来评定，一般分为校长、处长、科长、科员四类职务等级。可变工资就是通常指的绩效工资，包括在特殊情况下的加班工资与为高校的行政工作或后勤服务工作做出突出贡献而获得的奖励。至于福利，基本与教学人员一样，主要包括带薪培训、带薪休假、住房公积金、医疗保险、养老保险、生育保险等。

二、高校人力资源薪酬管理内涵

（一）薪酬管理的概念

薪酬管理指的是根据组织总体发展战略的要求，通过管理制度的规划与完善，以及薪酬激励计划的制订与实施，致力于充分发挥各种薪酬形式，如工资、奖金和福利等的激励作用，从而达到为组织创造更大价值的目标。

（二）薪酬管理的理论基础

在人力资源管理中，通过对薪酬的有关基本原理和技术方法进行实践运用，制定出更加合理、全面且科学的薪酬制度，对于维护员工的物质利益，调动员工的工作积极性，建立规范化的内部激励与约束机制，促进组织的发展和提高，具有非常重要的意义。

自古以来，薪酬问题一直被视为一个相对复杂的社会难题。随着雇佣制度的逐渐普及，人们对此也进行了更加深入的研究。

古典经济学派创立了最早的薪酬理论，可以说是当代薪酬理论的重要基石，其主要代表人物有英国古典政治经济学创始人威廉·配第、苏格兰著名古典经济学家亚当·斯密等。

近代工资理论的形成则得益于社会经济的发展和劳动力市场的不断完善，特别是人们对于微观经济学所进行的深入研究。

直到现代，人们也在探究薪酬问题，而这便是现代薪酬管理的理论基础。

以下对于一些经济学代表人物及其理论进行具体论述。

1. 古典经济学派的薪酬理论

（1）威廉·配第的最低工资理论

威廉·配第的最低工资理论的基本观点为：工资作为劳动力的价格，有一个自然的市场水平，即最低生活资料的价值[1]。如果工人的薪酬水平低于此标准，他们将无法维持最低生活水平，这将导致资本家失去继续生产财富的基础。因此，最低工资水平不仅是保障工人基本生存的重要标准，也是保障雇主生产经营的必要要素。按照最低工资理论，工人的薪资由市场竞争的情况决定，而不是由雇主或企业的主观意愿决定。由于资本家追求利润最大化的动力，他们倾向将工人工资压低至最低水平。但是，它有一个基准——确保工人及其家属能够维持最低的生活需求。如果低于这个基准，则劳动力的再生产将无法实现，进而对社会生产和稳定产生不良的影响。

（2）亚当·斯密的工资差别理论

亚当·斯密提出了工资差别理论，其基本观点为：造成不同职业和雇员之间工资差别的原因主要有两大类，一是职业性质，二是工资政策[2]。

职业性质对工资差别的影响，有以下五种途径。

第一，带给劳动者不同的心理感受。有些职业能够让人感到轻松愉快，而有些职业可能会使人感到厌烦。

第二，职业的难易程度不同。有的职业学习和掌握起来是相对较为容易的，而有些职业学习起来较为困难。

第三，职业的安全程度不同。有些职业的安全系数相对较低，存在着较大的安全风险，而有些职业的风险指数相对较低，非常安全。

第四，承担的责任不同。有些职业需要承担较大的责任，而有些职业需要承担的责任相对较小。

第五，成功的可能性不同。有些职业会更容易获得成功，而有些职业可能容易失败。

因此，需要支付更高工资的是那些使劳动者感到不愉快、存在较高的学习成本、安全系数相对较低、需要承担更大的责任、失败率较高的职业。

2. 近代工资理论

随着社会经济的持续进步和劳动市场的日趋完善，特别是人们对于微观经济学的深入研究，较为系统的近代工资理论形成了。然而，因为人们具有不同的立场和分析角度，所以也形成了一些不同的理论观点，主要包括英国著名经济学家阿尔弗雷德·马歇尔的边际生产率工资理论和英国经济学家阿瑟·塞西尔·庇古的集体交涉工资理论、赫茨伯格的公平理论、舒尔茨的人力资本理论。

---

① 苏列英．薪酬管理[M]．2版．西安：西安交通大学出版社，2012．

② 宋培林．现代劳动经济学[M]．厦门：厦门大学出版社，2004．

（1）阿尔弗雷德·马歇尔的边际生产率工资理论

马歇尔的边际生产率工资理论的基本观点是，人追求自我利益的最大化[①]。在完全自由竞争的市场上，企业主总是力求他的每一种生产要素都获得最大利润，以至于每一种生产要素在生产中都能得到最佳配置。工资取决于劳动的边际生产力。雇主雇佣的工人的边际产量等于付给他的工资，也就是劳动力的边际收入等于劳动力的边际成本。

（2）阿瑟·西塞尔·庇古的集体交涉工资理论

庇古的集体交涉工资理论的基本观点是，在一个短时期内，工资至少在一定程度上取决于资本家垄断组织及与这种垄断组织权力相抗衡的工会组织之间集体交涉的条件，即双方讲定的条件[②]。在工业化的初期阶段，工资谈判只限于雇主与雇员之间的个体谈判。伴随着工业化社会的进步，集体谈判方式已经逐渐成为劳资双方进行谈判的主要方式。通过集体组织和集体交涉的方式，个体才有可能更好地抵抗住工资标准下降所带来的压力，而劳工组织的宗旨就是运用更有力的集体行动代替个人交涉，来保障集体中员工的工资。

（3）赫茨伯格的公平理论

薪酬分配的一个重要问题是公平问题。著名经济学家赫茨伯格已经注意到，感到不公平是雇员对工作不满意的重要原因。公平理论认为，人们以投入和成果两个因素为基础形成公平的信念[③]。因此，员工会将自己的付出与收入和他人的付出与收入进行对比，如果这两者的比例相等，就会认为这是公平的。当这两者不相等，尤其是自己从付出中所得的回报比别人低时，员工会感到不平等，并且会努力纠正。由此，员工在企业中所关注的不仅仅是自身的实际薪资，还关注与他人薪资的比较情况。例如，即使一名员工得到了5%工资的奖励，由于其绩效优于同事，但同事也获得了同等的奖励，该员工也不会对加薪感到满意。综上所述，组织内部的工资结构、工资差别、工资关系是此工资理论所关注的。

（4）舒尔茨的人力资本理论

人力资本理论是对工资差别内在原因的一种经济学解释，其代表人物是诺贝尔经济学奖获得者舒尔茨。舒尔茨认为，人力资本是由人力投资形成的，是存在

---

① 罗殿军．现代企业制度创新[M]．太原：山西经济出版社，1998．

② 罗春燕．员工援助计划与高校人力资源管理研究[M]．南昌：江西科学技术出版社，2017．

③ 尤建新，苏文．管理理论与实务[M]．上海：同济大学出版社，2007．

于人体中的知识和技能等价值的总和[①]。一个人的人力资本含量越高，其劳动生产率也越高，在劳动力市场中可以得到越高的薪酬。

（三）高校人员薪酬管理的基本原则

高校人员的薪资管理不仅是向员工传递信息的途径，同时也是高校价值观的体现。高校的薪酬管理旨在向员工传达高校提供薪酬的原因，明确高校对员工的重视程度，以及高校重视何种行为或成果。员工的薪酬结构旨在激励员工采取有益的行为和取得优异的业绩，如当员工在一些方面取得进步时，能够获得更高的报酬。因此，在有效实施薪酬管理这一方面，高校人员薪酬管理应该遵循以下三个原则。

1. 对外具有竞争力原则

以教师为例，如果薪酬水平过低，部分具备实力的青年教师可能会倾向与其熟知的同学或朋友在同类机构的薪酬进行比对，从而诱发跳槽的心态。这种现象不仅可能导致优秀人才外流，而且难以构建高素质的教师团队。因此，高校在薪酬设计方面应注重竞争力。

2. 对内具有公正性原则

在高校中，不同岗位的薪酬水平应该与这些岗位对高校所做出的贡献保持一致，而不是出现“偏科”的现象。从整体上来说，高校人员可以分为教学人员和行政人员。毋庸置疑，教学人员是高校的核心，然而薪酬分配应以岗位为依据，而非侧重于特定人员。不应存在教学人员为主体便享有较高薪酬或更多奖励的现象。否则，忽视行政人员与后勤保障作用的重教学轻行政的观念，将直接影响员工的积极性。因此，内部薪酬设计应注重公正性。

3. 对员工具有激励性原则

高校的薪酬主要由三部分构成，包括基本工资、可变工资和福利。这三部分都是高校薪酬管理的重要组成部分，它们共同构成了一个完整的薪酬体系。

基本工资是员工的固定收入，通常与员工的职位、资历和教育背景等因素有关。基本工资为员工提供了稳定的收入来源，保证了他们的基本生活需求。可变工资一般指的是绩效工资，绩效工资与员工的工作表现直接相关。通过将薪酬与绩效挂钩，可以激励员工提高工作效率和质量。绩效工资的设定需要公正、公平，以确保员工的工作积极性。对于这部分薪酬，需要适当拉开差距，使不同业绩的员工能在心理上觉察到这个差距。例如，助教的课时费是 50 元，而讲师的课

① 刘娜欣．人力资源管理[M]．北京：北京理工大学出版社，2018.

时费是80元，副教授的课时费是180元。在讲师和副教授之间拉大课时费差距，显然能够激励教师对职称的渴望和追求，从而激发高校教师自我提升的积极性。福利包括各种非货币形式的待遇，如健康保险、退休金、员工培训等。良好的福利待遇可以提高员工的满意度和忠诚度，有助于高校吸引和留住优秀的人才。

第二节　高校人力资源薪酬体系设计

一、高校人力资源薪酬体系设计的原则与内容

（一）薪酬体系设计的原则

1．公平性原则

员工的工作表现和产出率很大程度上取决于薪酬制度所体现的公平性水平。在薪酬水平和薪酬结构的设计过程中，需要遵循一个最基本的原则，即公平性原则。这种公平性可以划分为三个层次：第一，外部公平性。外部公平性指的是员工将自己的工资水平与外部同类型工作人员的水平进行比较后所产生的感受。第二，内部公平性。内部公平性指的是组织内不同工作之间的薪酬水平比较问题。第三，个人公平。个人公平是指员工对自己所获得的工资与组织内部同岗位员工的薪酬水平进行比较后所产生的主观感受。

2．竞争性原则

竞争性原则要求组织内部的薪资水平应具备足够的吸引力，以吸引所需人才，特别是在与同行竞争对手相比时，必须拥有相对的竞争优势。根据一些组织对于工资设计所得出的经验来看，通常建议将员工的薪资水平提高15%，这样既不会负担过重，同时也有利于稳定团队并吸引优秀人才。

高校的薪资待遇是否具备吸引力，取决于许多具体的因素，包括高校的财力、教学环境和所需人才的可获得性等。从现实的角度来看，良好的教学环境、雄厚的科研实力等，都是能够让高校薪酬水平的竞争力得到有效提升的重要因素。

3．认可性原则

如果设计出来的薪酬体系不能为员工所认同和接受，那么无论其技术方面做得多么出色也是没有成效的。因此，要让员工明白现行的薪酬决策是怎么做出的，工资结构为什么要这样设计，为什么这种决策是最适合本校的。

4. 激励性原则

建立切实有效的薪酬体系可以激发员工在努力工作的同时提升工作效率。由于每个职位在组织中的重要程度、任职资格条件和工作环境等各不相同，采用平均薪酬可能会对那些担任重要岗位的员工的激励产生一定影响。如果高校不能很好地将员工薪酬与其工作表现和对高校的贡献联系起来，那么员工可能会感到不满。因此，在分配薪酬时，应该适度偏向高级职位和关键人才，同时也要适当地拉开薪酬差距，给予表现优异的员工更多的薪酬，以更好地调动其积极性。

5. 战略性原则

高校薪酬体系设计应考虑对高校战略的支撑，高校薪酬制度要在价值导向和行为导向上符合高校的发展战略。薪酬体系设计坚持的战略性原则就是将各种资源进行整合，旨在形成学校的核心力量，从而有效实现对学校宗旨的践行。同时，其本身也就成为学校所具有的一种独特能力，从而能够更好地获得竞争优势。考虑对高素质人才的吸引与激励，薪酬的支付应鼓励员工的创新和员工能力的提高。

（二）薪酬体系设计的内容

以下通过参考企业的薪酬体系设计，来分析高校薪酬体系的设计。

通常来说，薪酬体系的要素主要包括基本工资、可变工资和福利这三个部分。

第一，基本工资。用人单位按照一定的时间周期，定期向员工所发放的固定报酬，称为基本工资。基本工资主要体现的是员工所承担的职位的重要性或员工所具备的技能或能力的价值，其可以划分为两种类别——以职位作为基础的基本工资和以能力作为基础的基本工资。在我国的大部分企业中，员工的基本工资主要是以月薪的形式进行发放——每月按时向员工发放固定工资。在国外，基本工资通常有多种形式，如小时工资、月薪和年薪等。

第二，可变工资。例如，奖金、津贴、加班费等，都属于可变工资的范畴。在薪酬中，奖金是以员工的工作绩效为依据进行浮动的部分，它不仅可以与员工的个人业绩相挂钩，也可以与其所在的团队或组织业绩相挂钩。

第三，福利。在薪酬体系中，福利同样也是一个重要的组成部分。福利是指企业向员工提供的除工资、奖金以外的各种保障计划、补贴、服务及实物报酬。

这里我们还是以薪酬构成的主要部分，即基本工资、可变工资和福利为基础，来进一步阐述薪酬体系设计涵盖的内容，即基本工资体系、可变工资体系和福利体系。

1. 基本工资体系

（1）基于职位的基本工资体系

可以依据员工所承担的职位职责的大小、工作内容的复杂程度、工作的难易程度、完成工作职责所需要具备的任职资格高低等因素来进行职位价值评价，并根据职位的相对价值来确定员工的工资。只有先弄清了职位要做什么以及需要什么样的人来做，才能对其进行评价。要弄清这些问题，需要先进行职位分析。另外，虽然职位评价解决了基本工资体系的内部公平性问题，但是这还远远不够，因此还要通过市场薪酬调查来保证基本工资体系的外部竞争性。

第一，职位分析。职位分析是指收集、分析、确定组织中职位的定位、目标、工作内容、职责权限、工作关系、业绩标准、人员要求等基本因素的过程。它包括两方面的内容：一是职位描述；二是职位规范，又称任职资格。职位描述是指通过分析职位，所承担的职责与任务，职位的业绩标准及与其他职位之间的关系等来描述职位。职位规范是指能胜任该项工作的任职者所必须具备的条件与资格。

第二，职位评价。职位评价是实现薪酬内部公平性的重要手段。著名薪酬管理专家米尔科维奇在其著作《薪酬管理》中指出，职位评价是指依据职位分析的结果，通过系统地确定职位的相对价值来为组织建立职位结构的过程，它是以工作内容、所需技能、对组织的价值及外部市场为基础的。

第三，薪酬调查。进行薪酬调查是为了保证薪酬的外部公平性。薪酬调查的第一步就是选取需要进行调查的关键职位，然后从外部市场调查中获取这些关键职位的薪酬信息。这些关键职位一般是众所周知且相对稳定的，并且在此职位上，应该存在着人才竞争。第二步，还需要界定相关劳动力市场，即与本企业竞争员工的其他企业。米尔科维奇在《薪酬管理》中将相关劳动力市场的标准界定为：与本企业竞争从事相同职业或具有相同技术员工的企业；与本企业在同一地域范围内竞争的企业；与本企业在同一产品或服务市场展开竞争的企业。

在界定了相关劳动力市场之后，就要设计薪酬调查表并展开薪酬调查。薪酬调查表往往包括以下内容：基本信息、组织信息、任职者的个人信息，以及总体薪酬的构成与薪酬水平。问卷调查、访谈调查、电话调查及网络调查，构成了薪酬调查的主要方式。

第四，确定薪酬结构。薪酬结构的设计包括划分薪酬等级、设计等级区间及确定等级交叉幅度三个方面。如果企业倾向拉开薪酬差距，则等级浮动区间较大；如果企业强调晋升，则其设计的等级交叉幅度会较小。

（2）基于能力的基本工资体系

基于能力的基本工资体系的假设前提是，员工所拥有的能力能够预测其未来的绩效。因此，通过对员工所拥有的与企业战略相适应的能力付酬来激发员工的潜力，实现组织战略。

第一，明确核心能力。核心能力作为一系列技能和技术的集合，可以使组织为客户带来更为独特的利益。同时，核心能力还具有四个特点，即有价值、很独特、可扩展和能学习。要确定企业的核心能力，就需要充分了解企业的战略，因为企业的战略决定企业的核心竞争优势，而企业的核心竞争优势将决定企业的核心能力。例如，对实施产品差异化战略的企业来说，研发人员的创新能力显然就是企业的核心能力；而对于实施品牌战略的企业，优秀的营销能力就毫无疑问地成为企业的核心能力。

第二，建立能力模型。可以通过对高绩效与低绩效员工进行比较来建立企业的能力模型。最典型的就是采用行为事件访谈法来了解高绩效员工在过去相似的情境下如何完成任务并分析其所具有的导致高绩效的能力。行为事件访谈法的关键问题包括：什么事情导致这种情境的出现？什么人卷入了这个事件？如何解决这个问题？后续结果如何？

通过访谈收集了资料与数据之后，我们就需要建立能力模型了。每个能力模型应该包括对能力的定义、行为实例、可接受的标准水平与高绩效。

第三，评估员工能力。这个步骤是要从相关人员，如上级、下级、同事及客户那里收集尽可能多的信息来对员工进行评估。通过把员工的行为与能力模型所要求的行为进行比较，评价者就可以对员工是否拥有所期望的能力及能力的程度如何做出评价。

第四，定位薪酬水平。对薪酬调查数据进行统计分析，就可以绘制出市场薪酬曲线。另外，也可以简单地以职位评价的点数为横轴，以关键职位的市场工资率为纵轴，大致地形成市场薪酬线。绘制出市场薪酬线之后，要做的就是确定企业的薪酬水平在相关劳动力市场上的定位。一般来说，企业有三种定位选择，即领先型、匹配型与滞后型。

第五，融入能力工资。能力和基本工资挂钩有直接挂钩和间接挂钩两种方式。直接挂钩指的是员工的能力决定员工的基本工资；间接挂钩指的是员工所在的职位和员工的能力共同决定员工的基本工资。

具体而言，薪酬由职位决定，而能力则决定基本工资在薪酬内的具体位置。这实质上就是现在引起广泛讨论的宽带薪酬结构。何谓宽带薪酬结构？宽带薪酬结构指的是对多个薪酬等级及薪酬变动范围进行重新组合，从而变成只有相当少数的薪酬等级及相应的薪酬变动范围。

从员工的角度来看，在这一薪酬结构中，员工的职业生涯在很长一段时间里可能会一直处于同一薪酬水平范围。然而，虽然升职的机会不多，但是员工能通过提高自己的能力来获得更高的薪资水平，甚至可能比通过升职所获得的薪资水平还要高。

2. 可变工资体系

可变工资包括奖金、津贴、加班费等。津贴与加班费都比较简单与直观，这里将主要介绍奖金。奖金又分为绩效工资计划与激励工资计划。

（1）绩效工资计划

绩效工资计划是针对员工的绩效完成情况而进行的奖励。它包括业绩工资（也叫绩效加薪）、一次性奖励与个人特殊奖励。业绩工资是指根据员工的绩效评价结果对其奖励，不过奖励部分将加入员工的基本工资中，成为基本工资的一部分。业绩工资具有很强的累加性，会增加基本工资的基数，造成工资支付成本的上升。一次性奖励是指员工在年终依据个人或团体绩效而得到的奖励，并不计入基本工资。也就是说，业绩工资与一次性奖励的不同之处在于，业绩工资是根据员工的年度绩效评价结果而确定的对基本工资的增加部分，而一次性奖励并不能成为基本工资永久性的增加部分。正是由于一次性奖励能有效控制工资成本，因而已经开始渐渐取代了业绩工资。个人特殊奖励则是指对那些在某些特殊项目上表现突出或对那些绩效超出期望的员工授予的特殊奖励。

（2）激励工资计划

激励工资计划是指通过将员工个人或团体的绩效与制定的目标相比较来进行奖励的计划。激励工资计划按对象可分为个人激励计划与团体激励计划。个人激励计划，顾名思义，是指针对员工个人的工作绩效提供奖励的计划，它包括计件工资、生产奖金与佣金等形式。团队激励计划则是针对团队工作绩效的奖励计划。随着工作越来越要求团队合作，团队激励计划越来越受到重视。团队激励计划通常包括利润分享计划与收益分享计划两种主要类型。

3. 福利体系

与薪酬有所区分的是，在通常情况下，福利和教师个人工作业绩是不存在直接关系的，一般是通过非货币化的形式进行支付。高校的财政不仅要为教职工支付日常的工资，还要为员工工作和生活提供一定福利，以吸引和激励员工安心、稳定地在高校工作和生活。福利体系主要涵盖三大方面的内容。

（1）实行福利补贴

例如，生活困难补贴、交通费补贴及取暖补贴等，都属于高校的福利补贴。生活困难补贴主要是指针对高校中一些薪酬相对较少、生活负担过重、供养人口较多，难以维持当地最低生活水平的工作人员和遭遇意外事件而造成生活困难的工作人员，所给予的一般性生活困难补助。交通费补贴根据情况分为两种：一是通常上下班时的交通费用补贴；二是因公事到外地出差时的交通费用补贴。取暖补贴的对象一般是秦岭—淮河以北地区及以南地区个别海拔较高、气候寒冷地区的工作人员。

（2）规定探亲与休假制度

高校教职工属于我国现行公共部门工作人员的范畴，高校教职工享有探望配偶与父母的待遇，还享有病假、产假、婚假等政府明文规定的福利待遇。

（3）完善福利设施

完善福利设施主要是对员工日常的吃、住、玩等提供便利的场所。首先，员工食堂。食堂不以营利为目的，主要实行收支差额补贴，为教职工的一日三餐提供保障。其次，员工住房。修建单身集体宿舍、家庭住宅、集资建房，提供购租房补贴等。最后，集体文化娱乐设施，主要包括图书馆、多功能体育馆。

（4）社会保险

高校所购买的保险类型主要是“五险一金”。“五险”指的是养老保险、工伤保险、失业保险、医疗保险和生育保险。“一金”指的是住房公积金。

二、高校人力资源薪酬体系实施的保障措施

（一）组织保障

为了能够更好地实施薪酬体系改进计划，高校应以精细、高效、严格为标准构建行政机构，并成立薪酬管理委员会。同时，加快完善法人治理结构、议事规则和决策程序，进一步提高学校的科学化、民主化、法治化管理水平。同时，将薪酬体系改进方案中的各项任务进行详细的分解，明确任务实施的时间表、责任单位和责任人，明确任务承担者的职责，积极践行方案，认真执行任务，确保按时完成。实施情况由人事部门公开，并且在发现问题时进行及时调整和改进。此外，对相关人员进行评估，采用客观标准进行评价，从而确保情况透明、执行严格、评价公正。

1. 决策层的重视与支持

在薪酬体系改进的过程中，拥有科学决策能力的决策者扮演着至关重要的角色。为了确保高校能够健康发展，应当遵循办学规律，建立健全法人治理结构，制定适当的章程和条例，形成理事会决策、院务委员会执行、党委保障的现代高校领导体制，并致力于提升薪酬体系方案的科学性，以避免出现家长式管理等常见问题。

在高校可承受的经济范围内，尽量加大薪酬支出，并以科学的方式控制人力资源成本，确保其不超过高校运营成本的2/3。高校应该适度提高长期薪酬的水平，以保持高校目前利益与长期利益之间的平衡。

2. 构建完善的薪酬管理机构

通过创新管理体制、实行民主管理、坚持集体决策、强化责任意识、改革薪酬制度，初步形成懂教育、重教学、善管理的高水平薪酬管理机构，贯彻执行国家及省级部门发布的有关薪酬福利的政策，做好高校内部分配制度的改革与实施，确保人力资源的有效利用。

薪酬管理机构主要负责的内容包括：①预测薪酬保险福利等费用的变化，掌控各项费用的支出额度；②制定教职工薪酬体系、修订实施细则；③审核认定教职工薪酬等级考核结果；④收集、整理教职工提出的有关薪酬体系政策的建议和意见，并组织落实、改进；⑤出现对薪酬方案实施结果有异议的情况时，组织进行调查复议。组织好制度的宣传，加强与教职工之间的沟通。薪酬体系的制定涉及广大教职工的切身利益，好的薪酬制度可以充分调动个体的积极性，解除教职工的后顾之忧，反之会起到负激励作用。

（二）制度保障

1. 教职工岗位聘任管理制度的制定

为了符合高校的办学定位和发展目标，需要对岗位聘用的管理方式进行相应完善。这样可以保持岗位设置的连续性，并且有利于岗位数量和结构比例的确定能够更加科学合理，从而为未来的发展留出一定空间。

从满足教学、科研、学科建设和管理等工作的实际需要出发，对师资队伍进行优化，组成精干、高效的教师队伍，规范各类岗位设置，根据需求设定岗位，并按照教育部的相关规定，合理配置人力资源以促进高校进步和发展。

2. 教职工工作业绩量化考核制度的制定

制定教职工工作业绩量化考核制度需要进行系统化的考量。若要开展量化考核和监控体系的研究，则需要围绕教学、管理及服务三个方面的质量目标。这一过程包括构建监控、保障、激励、聘用管理等主要内容，从而形成一个完整的量化考核体系。因此，我们需要有计划、有步骤地研究各种量化的指标体系和标准，并强调它们对于指导和引导作用的重要性，以充分发挥它们在高校发展中所起到的指导作用和监督作用。

要想对每位教职工的工作表现和业绩做出正确的评价和考核，需要建立分层次的各岗位人员考核指标体系——按岗位级别确定工作职责，对个人职责、待遇、考核及管理等方面进行相应的规定，制定计分标准，采用定性与定量相结合的方式，给予相对应的薪酬待遇，并建立竞争、监督、评价和激励机制，旨在为教职工的聘任、晋升、晋级和奖惩提供依据，从而促进教职工认真履行岗位职责、提高自身的素质和业务水平，进而全面提高高校的教学水平、科研水平和管理水平。对于各个岗位，实行动态化管理，定期进行考核并根据考核结果和上岗条件进行重新聘用，重新聘用的方式包括续聘、高聘、低聘及解聘等。

3. 其他相关制度的制定

（1）制定高校财务、会计与资产管理办法

研究并优化符合高校实际情况的财务制度、会计制度及资产管理制度，加强财务工作的计划性，对高校的财务状况进行合理分析，制定适宜的薪酬支付标准，进行科学管理并合理使用资金，定期编制资金预算并严格按预算执行，以实现高校资金的良性循环和可持续发展。增加对专项资金的投入力度，设立针对人才培养的专项资金，以及重点学科专业建设基金、专业带头人发展基金、重点科研项目基金、课程建设基金、教材建设基金等专项基金，对于教职工攻读学位、访学研修、参加学术会议、开展教学科研活动进行合理资助。同时，制订精确的预算计划和支出计划，并按照计划项目单独进行经费支出，从而实现资金使用效益的最大化。此外，对于财务委员会的工作也应予以重视，要加强制度建设，建立自我管理、自我审计及财务公开制度。

（2）实施人才强校计划

以学科、专业建设作为主线，积极引进高水平人才，同时，在高校内部选拔和培养优秀的中青年学科、学术领域带头人和骨干教师，打造出卓越的教学队伍，从而全面提升管理团队的整体能力水平。遵循“队伍年轻化、知识化、专业化”的原则，努力培养一批中青年专业型人才及年轻管理干部。秉持“以人为本，人人有发展”的理念，营造一个有利于人才成长和发展的和谐氛围，致力于培养一支具备高素质和高水平的师资队伍、管理队伍，从而使高校的核心竞争力得到切实提升，更好地促进高校的可持续发展。

（3）建立健全教职工代表大会制度

搭建一个交流的平台，加强校方与教职工之间的联系和沟通，推行有效的民主管理和平等协商制度，使得制定薪酬制度流程能够更加完善。同时，通过教职工合理参与和校方有效选择的方式，确保制定过程公开、公正、透明，维护校方和广大教职工的合法权益。

（4）设立科研休假制度

相比于其他行业而言，高校具备着良好的专业发展前景、严谨的文化氛围、相对较高的社会地位及相对宽松的带薪假期等有利条件，具有更大的吸引力。为了使教学人员和科研人员的业绩产出能够得到有效提升，应当以高校的师资情况和申请休假者的层次作为依据，合理增设科研休假时间。

（三）文化保障

校园文化反映了大多数个体在思维方式、交流方式及行为方式等方面所具有的共同特征，所有个体均可以通过言传身教的方式，促进这种共性的发展。因此，对于校园文化进行良好、健康的传承与发展，是至关重要的。

1. 打造优良的校园文化

打造优良的校园文化，创设尊崇、领会、诚信、平等的人文环境，打造团结友爱、心情愉悦的工作氛围，全方位体现高校对教职工的关爱与呵护，构建和谐的文化氛围。推行文化战略，深入做好全校师生的思想疏导，充分发挥主阵地、主渠道功能，使广大教职工充分认识到薪酬优化体系的益处，明确现有薪酬体系中存在的缺陷，切实理解原制度中不公正、不合理问题所带来的影响，以获取教职工的广泛支持，推动和谐发展，最大限度降低薪酬体系改进过程中可能出现的波动风险。

2. 营造和谐的人文环境

营造和谐的人文环境有助于提升教职工参与管理的热情。建立工会、实行教职工代表大会制度、成立各种委员会或领导小组，可以使管理的重心下移，坚持民主管理、杜绝人治、集体决策、依法办学；实行“机构简化、人员精干、全员聘任、以责定薪，多劳多得、优教优酬、能上能下、能进能出”的用人机制，减少员工闲置和相互推诿的现象发生，更加健全管理制度，规范管理流程，提高工作效率。

第三节　国外高校人力资源薪酬管理现状

一、国外高校薪酬与福利制度概述

经过多年的发展与改进，国外大多数高校的薪酬与福利制度已逐步趋于完善，形式也丰富多样。在职务等级上，美国、英国、法国等西方国家高校，实行的主流岗位制度是四级别的教师职务等级序列，即讲师、助理教授、副教授和教授。在每一级别内，根据工作年龄和学术成就的不同划分成不同的亚级别，如副教授共分为三个级别，每一级别内又分为不同的等级。在考核方面，美国、德国等国家的高校普遍比较重视科研，教师的薪酬、职位、声望和晋升等都直接与其学术成就有关。

美国的评审依据主要是教师的学术成就，首先是教师在顶级期刊上所发表的文章、文章被引用的次数，其次包括在普通期刊上发表的文章、出版的书籍及承担的教学量等。还有些国家则采取了工龄和学术并重的制度，同一亚级别内的晋升大部分是根据工龄，只有在发生跨级别晋升或重要晋升时，才会考虑学术等因素。在薪酬方式上，美国的高校基本实行年薪制，根据个人不同的背景设置不同的年薪，不存在各种形式的补贴，另外教师根据每年所取得的成就获得相应的加薪（否则会选择跳槽），这都体现了企业化运作和市场经济的特点。

法国、德国和印度等国家则主要实施职务等级制的薪酬方式，教师的薪酬由基本工资和各种补贴两部分构成。此外，福利也成为西方国家高校教师薪酬中的重要组成部分，所占比例达到 30%～40%[①]，且福利形式多种多样，极大地激励了高校教师。

二、国外高校薪酬管理实务

任何组织的薪酬管理体系都是用来决定如何支付其员工的薪酬，高校当然也不例外。下面将结合一些国外高校的薪酬实例分别从基本工资、可变工资及福利三个方面来介绍目前国外高校的薪酬管理体系。

① 陈世平．高校教学团队与高水平教师队伍建设指导手册：下卷[M]．北京：中国教育出版社，2009．

（一）基本工资

1. 职位分析与职位描述

同样，国外高校也要以对员工工作职责的分析来作为高校薪酬管理制度的基础。只有通过工作职责的明确分析与界定，才能支付给员工适当的报酬。职位分析一般是由员工与其直接主管共同完成的，因为他们是最了解工作职责，并且最有资格来对工作进行描述的。对工作进行描述需要认真分析目前所做的工作，如做什么、怎么去做、需要使用什么设备、工作职责的广度与复杂性如何、工作环境如何，以及需要什么样的技能来完成这项工作等。职位描述还必须尽可能详细、准确，因为只有提供的信息越多，员工才能更完整地了解并更有效地完成这项工作，而通过对职位进行评价来分级也才会更加公平。

耶鲁大学的薪酬管理体系以职位分析和职位描述为基础。然而，该体系强调，要有效地进行职位分析和职位描述，不仅需要完成上述任务，还必须识别出那些本质的、必需的且被持续而规律使用的技能与能力。此外，该体系认为，以下几个因素也需要纳入考虑范围：职位在组织中的层级、独立决策的程度、管理权力的范围与管理职责的宽度，以及所要求的人际沟通能力和对法律规章的负责程度。这些因素共同构成了一个全面的薪酬管理体系，有助于激励员工，提高工作效率，从而实现组织的目标。

2. 职位评价

详细完整的职位分析与职位描述就是为职位评价服务的。职位评估是指通过对工作的职责和内容进行分析并分类，以确定一个工作序列来管理薪酬。对职位进行评价，才能真正实现薪酬的内部公平。下面我们列举两个实例。

第一，耶鲁大学。在耶鲁大学，职位评价是由员工、主管和人力资源管理人员共同发起的。他们采用要素计点法来对职位进行评价，即分析这项工作区别于其他工作的每个因素，并根据这些因素的重要性赋予其相应的权重。

第二，霍普金斯大学。在霍普金斯大学，当工作内容发生实质性的改变时，就需要对职位进行重新评价。这种显著变化可能是因为职责的增加或减少，也可能是由于组织的结构重组。然而，并不是工作的每一个改变或职责的增加都需要对职位进行重新评价。当工作内容与职责有所变动时，员工和直接主管将有责任对职位描述进行修订。职位评价者则将仔细检查修订后的职位描述，以决定这些变动是否足够显著以至于需要对其工资等级重新进行调整。

通常，职位评价者认为在以下情况下工作内容与职责发生了“显著”变动：工作中增加了一项重要职责，而且需要持续而规律地履行这项职责；一项以前并不需要经常关注的职责，现在需要持续而有规律地来履行；一项持续而有规律地履行的基本职责被废除或减少；一项重要职责的宽度和深度都有所增加，并且变得更加复杂和难以执行。

3. 确定薪酬结构

霍普金斯大学通过将员工的薪酬与从著名的薪酬调查中得来的高校外部薪酬数据进行比较，来确定员工的薪酬等级。霍普金斯大学通过收集并分析相关国家、地区或当地的高等教育行业及其他行业，如卫生保健业、金融业和信息技术产业等的薪酬调查数据，并结合考虑高校自身的财政情况，来确定每个薪酬等级的最小值、中点值与最大值。教师的任职资格和工作业绩将决定教师在此薪酬等级中的具体位置。薪酬等级结构一旦确立，通常将在每年的特定日子进行检验与调整，以便能及时认识到市场薪酬情况的变动，并做出调整以保持竞争力。

4. 基于市场的薪酬调整

国外高校在设计薪酬体系时非常关注市场情况。从上文可以看出，霍普金斯大学就是在充分考虑市场水平的前提下来确定薪酬结构的，同时，它还提出每年要根据市场情况来调整变动原来的薪酬结构。因此，在大多数国外高校中，除了年度加薪以外，还需要对薪酬进行调整，使其在市场上更具竞争力，或与相似工作岗位上相同业绩水平员工相比更具公平性。

在霍普金斯大学，当工作发生明显改变以至于需要对其重新划分时，可能会引起薪酬等级的上升与薪酬的增加。然而，对那些不能引起薪酬等级上升的重要变化也同样需要考虑，并相应地对薪酬进行调整。

（二）可变工资

以上提到的职位分析及职位评价都是用来确定高校教师基本工资的。在可变工资这一部分，国外高校通常都是采用加薪项目的形式来对教师的绩效及能力等进行奖励。加薪项目的首要目标就是识别并奖励个人贡献，保证薪酬在学校内部具有公平性，同时保证薪酬在特定市场中具有竞争性。国外高校大都是基于绩效、能力及贡献来综合考虑员工的加薪水平，以达成组织与部门的目标。主管通过运用规范的绩效评估及预测发展所需的能力，来考察员工是否达到了预期目标。主管要负责每年定期对员工进行评估并基于这些评估来给员工加薪。

为了更具体地了解项目加薪，下面我们来看看耶鲁大学的做法。在耶鲁大学，教师绩效的定义与分类的情况主要体现为以下四个方面。

第一类绩效表示的是异常的成果。在这个层次上，绩效持续而显著地超出对此职位的通常期望与既定标准。“非凡的”“卓越的”“不寻常的”“杰出的”通常被用来描述这一层次的绩效水平。在这个层次，员工几乎已经没有继续提高他们的绩效水平的空间。

第二类绩效常表示超出了职位既定的目标。这一类绩效产生的成果超出了主管和员工通常所预期的目标。在这一层次的员工能够快速达到所有职位所要求的标准与目标，并创造高于其职位所要求的贡献。

第三类绩效被描述为达到（偶尔会超出）职位的预期目标与既定标准。在这一层次，员工的绩效水平将有可能超出普遍水平，但大部分情况下是正常的。这一类绩效的稳定性与持续性也导致员工能有规律而持续地达到既定的标准，从而使得工作部门也能更好地完成它们的目标。这一类绩效典型地代表了耶鲁大学大部分员工的绩效水平。

第四类绩效是指总是不能达到令人满意的绩效水平或者长期低于所能接受的最低预期标准。处于这一层次的员工通常被认为不能达到这一职位的普遍标准和既定目标。在某些情况下，这一类绩效意味着员工需要更多的经验或培训。我们认为，通过额外的培训，这一层次的新员工或无经验的员工将能够迅速地提高他们的绩效水平来达到职位的标准与预期目标。然而，当高校为了完成其使命与目标时，那些处于这一层次的有经验的员工则可能面临着被降职或被解雇的危险。

（三）福利

国外高校的福利从形式上大致可以分为健康保险、人寿保险、伤残保险、养老保险、带薪休假、住房补助、子女教育等。国外高校的福利政策不仅丰富多样，而且其在薪酬中所占比例非常高，已经成为吸纳、保留并激励优秀教师的重要手段。

第四节　我国高校人力资源薪酬管理中存在的问题和改进措施

一、我国高校人力资源薪酬管理中存在的问题

（一）管理制度与市场不接轨，薪资水平相对偏低

虽然高校的薪酬已然摆脱计划经济与平均主义的限制，但尚未真正实现与市场接轨。与市场中相似行业或企业相比，高校教师的薪资水平是相对偏低的。

具有外部竞争性是薪酬设计的首要原则之一。假若不能对市场的情况进行有效的关注和考虑，则高校教师的薪酬水平可能会在与其他企业或相似行业的市场竞争中逐步丧失竞争力和吸引力，从而导致其失去对教师的激励作用，甚至会出现优秀教师流失的情况。因此，高校需要关注市场情况以确保薪酬能够更为有效地激励教师。

目前，我国高校需要对薪酬体系进行改革，摆脱传统思维的束缚，以市场为依据对教师的薪酬水平进行确定，有效改善高校教师薪酬偏低的现实情况，使高校的薪酬能够更具吸引力与激励性，从而更好地吸引和留住优秀的教师。

（二）管理制度与战略目标不紧扣，薪酬水平滞后

在通常的情况下，高校的薪酬架构缺乏与学校战略目标的密切联系，基本上采用的都是一种统一的模式。从实际的角度来看，各种战略的侧重点不同，因此，其所需要的资源和能力也各不相同。只有通过在薪酬设计方面对于学校战略进行充分关注，才能真正帮助高校获得竞争优势，从而实现其战略目标。例如，如果高校希望成为科研类型的高校，那么就需要提升科研能力突出的教师在校内的地位，给予他们更多的岗位薪酬。假若高校希望通过薪酬来吸引到更多的优秀教师加入从而提升学校的知名度，那么其整体的薪酬水平应当在市场中是处于领先地位的，而不能呈现出能够获得一个较为滞后的薪酬水平。

（三）管理制度与职责描述和职位考核不衔接

岗位津贴制度属于薪酬管理制度，它以岗位聘任作为基础。在实践过程中，需要明确每个岗位的职责和任务，以更好地体现整个岗位津贴制度的合理性与科学性。

以高校岗位津贴制度的实施为例，尽管岗位聘任书涵盖了相关职责的说明，但这些描述仍然未达到明确、具体的标准。就职位津贴制度而言，职位考核一直都是一个较为棘手但十分关键的问题。由于不同院（系）、学科甚至相同学科的不同岗位之间存在千差万别的情况，很难使用统一的考核指标和体系来进行评估。因此，根据明确的岗位职责进行有针对性的考核，显得十分必要。

岗位职责缺乏明确性直接导致了职位考核缺乏可操作性和明确的考核标准，进而影响了岗位津贴的调整工作及整个岗位津贴制度的科学性。尽管许多高校已经执行了岗位津贴日常管理办法来管理日常事务，但是职位考核工作还需要依靠规范岗位聘任及明确岗位职责来更好地完善考核指标体系，从而更进一步地提高职位考核的合理性与科学性。

（四）管理制度忽略个人能力

绝大部分高校所采用的薪酬模式都是“岗位津贴＋课时津贴＋科研成果奖金”，而忽略了教师所拥有的能力。在知识经济时代，知识型员工发挥着至关重要的作用，尤其是在知识与科技产业中。高校是知识的海洋，教师的知识就是其核心能力和竞争优势所在，因此，在高校教师的薪酬体系中应该更加关注教师获取知识的能力。为能力付酬无疑是一个好的手段，这将引导高校教师以获取更高的能力为目标，不仅能提高高校整体的竞争水平，也能满足教师对个人能力成长的需求。

（五）福利政策多样化程度低和福利所占比例低

高校员工享有的福利政策，包括法定福利和自主福利两个部分。

法定福利按照国家法律法规严格实施，包括一般的“五险一金”。自主福利则相对较少。此外，自主福利在高校员工薪酬体系中所占的比例也较低，因此只能起到福利保障的作用，无法有效地吸引、留住和激励人才。

（六）青年教师薪酬机制不太合理

目前高校人力资源管理部门只能按职能和资历设置薪酬制度，人力资源的积极性和创造性还没有充分发挥出来。不足的劳动报酬对高校教职工带来以下两种负面影响：一是要求提高薪酬待遇，当前工作对其自身的吸引力不强；二是要求提高的薪酬数额达不到自己的预期时，可能采取的行动包括发泄不满情绪、寻找其他岗位工作或者跳槽等。

薪酬管理在高校人力资源管理中占据着非常重要的地位，它对吸引和稳定青年教师队伍、调动青年教师工作积极性具有至关重要的意义。尽管薪酬管理的一项关键目标是确保公平，但大多数高校青年教师普遍认为自己的薪酬水平与付出的劳动量不符。因此，高校管理者必须高度重视如何公正地分配薪酬给青年教师这一重要问题。下面对高校青年教师的薪酬管理进行具体分析。

1. 高校青年教师薪酬管理外部不公平性分析

大部分高校的青年教师都拥有硕士及以上学位，这需要进行较大的前期投入。尚未确定大量投入是否具有普遍性，但毫无疑问的是，高校青年教师在前期的投入是较大的。由于前期的大量投入，高校青年教师对于薪酬的期望可能会比较高。

此外，高校教师是一种入行“门槛”相对较高且具备较强专业性特点的职业，青年教师可能需要经过激烈的竞争才可以获得该职位。因此，经过激烈竞争获取高校教师职位的青年教师，可以说是同龄、同学历人群中的佼佼者，理应得到高于市场均衡工资率的工资，即应当不低于其他行业具有可比性的劳动力群体的平均水平。

尽管高校教师的薪资不能与信息技术行业相比较，但是近年来，青年教师薪酬水平的外部不公平性导致青年教师缺乏在薪酬方面的公平感，进而加剧了青年教师的“隐形流失”现象。这一问题已经引起了社会的广泛关注，并成为高校青年教师薪酬管理所面临的难题之一。

2. 高校青年教师薪酬管理的内部不公平性分析

高校教师岗位工资的主要组成部分是岗位津贴，岗位津贴的公平性直接影响着青年教师对薪酬公正的感受。岗位津贴的公平分配取决于岗位聘任制的公平性，但是，由于受传统的薪酬分配模式的影响，目前高校的岗位聘任制仍存在一些不公平的情况。

此外，目前高校尚未建立一套更为科学、合理的聘后考核体系，因此，现行的高校岗位津贴制度对于激励和约束聘任教师的作用也较为有限。

3. 青年教师薪酬管理的个人不公平性分析

个人公平是绩效工资的主要体现。高校教师的绩效工资主要包含校内津贴，由课时津贴、科研成果奖金、岗位津贴的绩效工资部分等构成。目前，我国高校教师的绩效工资分配受到传统的薪酬分配模式的制约，职称、资历、行政级别等因素对分配结果产生了一定影响，从而导致分配存在不公平的问题。

此外，在科研成果奖金的分配方面，青年教师在科研资源的分配过程中往往难以自主争取到各级各类的科研项目。很多青年教师虽然积极地参与了许多重要的研究项目和调查工作，也取得了不少成果，但他们的工作量很难被精确计算，只能获得微薄的津贴。

一些高校缺乏切实有效的绩效考核机制，导致同一岗位的教师无论工作表现得好坏都会获得相同的岗位津贴。因此，一些青年教师不会着眼于提高自己的工作绩效，而是集中精力通过各种途径来提高自己的职称，以期获得更高的薪酬收入。

综上所述，如果绩效工资不能对工作绩效进行准确反映，个人薪酬的公平性就无法获得保障，青年教师的工作热情就难以持久，这将会导致工作质量和工作效率无法获得可靠的保证。

二、高校人力资源薪酬管理的改进措施

为了有效地解决这些问题，使高校的薪酬制度更具公平性与竞争性，针对高校的实际情况，本书分别从基本工资、可变工资与福利这三大部分提出一些建议，希望通过改进高校教师的薪酬制度，吸引并激励更多的优秀教师创造出更大的价值。

（一）改进基本工资体系的措施

目前，高校的基本工资采取岗位工资制，即基于岗位来决定教师的基本工资。教师岗位通常分为教授、副教授、讲师和助教四级，而岗位工资也就相应地分为四级，但并没有通过科学的岗位评价来区分其价值，这就导致同等级的职位都是享有同样的基本工资，不能拉开差距，缺乏激励效应。鉴于这些问题，本书认为，首先应该基于职位分析把每个等级细分成几个亚等级，再通过岗位评价使得每个亚等级对应不同的薪酬水平，这样才能体现差异性，才能真正体现薪酬的内部公平性。另外，从国外高校薪酬体系中发现，它们非常关注市场薪酬变动情况，通过将学校的薪酬水平与其他高校或相关企业进行比较来确定其薪酬水平与薪酬结构，而这正是我国高校所缺乏的。因此，国内高校应该重视对市场中相关行业薪酬水平的调查，并及时对薪酬进行调整，以提高高校薪酬的外部竞争性。

伴随着知识经济时代的到来，人类已经成为影响组织产出和业绩的关键要素，因此，人们开始更加重视人在组织中所扮演的角色。显而易见，以岗位为基础的薪酬体系并未考虑到员工个体价值的不同，而这种体系也已经无法满足知识经济下的员工，特别是知识型员工的需求。与之相对地，基于能力付酬不仅能满足知识型员工自我学习的需求，还能够帮助他们提高职业生涯的发展能力。此外，通过这种方式进行薪酬的支付还可以激励员工通过掌握更多组织所需要的技能来创造更多的价值。

基于此，建议高校采用宽带薪酬结构，即根据教师的岗位和所拥有的核心能力，决定其在薪酬层级中的具体位置，以此增强高校的竞争力。这种做法可以使教师的薪酬与能力挂钩，进而提高他们的工作积极性。通过这种方式，高校可以鼓励高校教师将关注重点放在提高个人技能水平方面，从而切实有效地提升学校的竞争力。

（二）改进可变工资体系的措施

高校教师的可变工资主要包括岗位津贴、课时津贴与科研成果奖金三部分。

岗位津贴目前在高校的实施已经比较成熟，也取得了较好的效果，但科学的岗位分析和岗位评价是岗位津贴制度有效实施的必要前提，因此高校的薪酬制度应该更加关注这些基础工作，以提升薪酬的内部公平性。另外，岗位津贴的发放和业绩有关，因此它能够激励教师关注工作绩效。然而，这种做法也可能带来一些负面影响，如可能会出现急功近利的行为，对于教学科研注重数量而不是质量等。因此，在分配津贴时，不仅要考虑到岗位和业绩等可量化因素，还需要综合考虑个人的品质、工作经验等不可量化因素，从而使收入分配的导向作用能够得到充分发挥。在实践的过程中，需要注重将定性和定量进行有机结合，综合考虑质量和数量，协调好眼前所取得的成果与长远的利益。

由于岗位津贴、课时津贴与科研成果奖金都是以业绩考核为前提的，完整的绩效考核体系是薪酬管理中重要的一环。首先，绩效考核指标的设定是关键，应该从高校的战略目标出发来设计考核指标。例如，若高校想要发展成研究型高校，则应该关注教师的科研成果，若高校想要以教学著称，则对于教师教学情况的考察至关重要。其次，考核的实施问题已经成为国内高校所面临的一个重大难题。正如我国大部分事业单位与国有企业一样，许多高校的评估并未真正实现基于实际成绩发放薪酬的这一目的。这不仅不能真正实现高校薪酬的内部公平，同时也无法起到所预期的激励效果。基于此，本书认为国内高校应该加强考核环节的管理，监督考核的实施，使绩效考核不只是流于形式。只有这样，才能在高校内形成一种良性的竞争氛围，从而调动高校教师的工作热情，激发高校教师的工作潜力。

（三）改进福利体系的措施

随着经济的发展，福利的地位变得越来越重要，它不仅是吸引与保留优秀人才的有效手段，还能满足员工的内在需求，极大地激励他们的工作积极性。国外高校的实践经验显示，福利确实在其薪酬中发挥了较大的积极作用。可以看出，高校的福利政策还需要进行相应的调整和改善。其中，最为迫切的就是增加高校教师能够获得的福利项目。除传统的“五险一金”以外，可以考虑推出一些额外的福利计划。例如，保证每年为员工提供事假和探亲假，还可以给表现优异的员工提供出游的机会；以成本价向教师销售住房和为其提供住房补贴；为教师提供免费班车，或报销教职工差旅费；开设专门的员工餐厅，为教职工提供免费的工作餐，或者提供工作餐补贴；为员工提供免费的年度身体健康检查；教师的子女能免费进入高校附属中学，或资助教师子女一部分学费；为教职工设立补充养老保险、汽车保险、个人财产保险等；为教职工提供休闲娱乐设施和体育锻炼设施，同时为退休的教师设立摄影小组和书法协会等。

同时，还需要适度增加高校教职工薪酬中福利的比例，在不改变其一直扮演的保障者角色的前提下，真正发挥其吸引、留住和激励优秀员工的功能。

伴随着知识经济的到来，越来越多的知识型员工对福利的需求也逐渐趋于多元。为了不浪费高校的成本资源，也为了满足高校教职工的需求，推出自助餐式的福利也成了高校值得尝试的一种选择。

第五章　高校行政改革概况

在加强人力资源管理的同时，也要进行行政改革。当前，我国传统的行政管理模式需要与时俱进，需要对传统的管理模式进行改革和创新，只有转变传统的管理理念，将目标明确下来，不断更新管理方式，并加强人才队伍的建设，才能有效推进高校行政管理的改革进程，才能促进我国教育事业的良好发展，从而为国家培养创新型人才提供保障。本章为高校行政改革概况，主要介绍了四个方面的内容，分别是高校行政改革面临的现实问题，高校行政改革的必要性、依据和影响因素，高校行政改革的目标与方向，高校行政改革的意义与措施。

第一节　高校行政改革面临的现实问题

在推进中国特色社会主义事业建设中，经过四十多年改革开放的历程，高等教育的地位和作用日益受到重视。在这样的形势、任务面前，要找准改革体制的切入点、创新机制的着力点，坚持外延与内涵同步建设的道路，使高校的发展呈现出蓬勃向上的局面，特别是高校行政管理通过改革、发展，逐渐“解放关系”，冲破传统行政束缚，促使高等教育适应市场经济体制发展。

高校行政管理，从广义上讲，是指除学术管理以外的所有管理。它包括多方面的内容，如组织管理、人事管理、财务管理、教学管理、科研管理、学生管理、物资管理，以及党的建设管理等。从狭义上讲，高校行政管理就是支撑学校行政组织框架，依靠行政手段运作的那部分管理，一般指办学体制、领导体制、组织构架，以及运行机制、行政管理岗位设置及人员配置等方面的管理。高校行政管理是高校实现高校发展战略，是保证高校正常运转的不可或缺的工作。高校行政管理的质量，对于高校发展质量和办学水平的提升，具有非凡的意义。

一、高校治理结构改革问题

《中华人民共和国高等教育法》等一系列法律的颁布，为高校的行政管理规范了外部、内部秩序，切实地促进了我国高等教育的进步与发展。

从实际的情况来看，我国高校的发展与管理仍处于转型期。在转型期，高校治理结构还存在诸多的不确定性。

（一）高校治理结构存在的问题

当前，我国高校内部的治理结构，是按照《中华人民共和国高等教育法》的统一规定建立的。主要内容包括对校党委、校长、教职工代表大会，以及学术委员会等治理结构要素的职责规定。从现代大学制度的建设、政府的依法行政和学校内部的依法治校来看，现行的高校内部治理结构还需要进一步健全和完善。从这个认识角度出发，当前，高校行政管理还处于一个探索、试行、待完善阶段。从现状出发，存在的问题主要如下：高校党委领导下的校长负责制，从理论表述上，还有不尽完善的地方，从实践运行上还有不够顺畅的地方；行政权力和学术权力的关系有些失衡；师生对学校的管理缺乏实质性参与；社会（包括企业、事业单位）、学生家长、社区等社会利益相关者，几乎没有参与高校内部治理。

（二）高校治理结构问题的原因分析

高校治理结构存在的问题，原因是多方面的，现分析其直接原因和根本原因。

1. 直接原因

自颁布《中华人民共和国高等教育法》《中华人民共和国教育法》《中华人民共和国教师法》等法律之后，高校的行政管理工作，逐步朝着有法可依的方向发展。领导体制的确定，也使治理结构有了进一步完善的空间。但在实践中却出现了一些问题，其直接原因就是管理理念和机制问题，主要表现如下。

①高校办学和政府管理之间缺乏合理有效的分工，特别是传统习惯和工作惯性，成为阻碍高校科学管理的无形障碍。教育管理者往往在实践中指令多于指导，高校比较多地成为执行者。这样的现状分工，导致高校的主管机关没有紧迫性和积极性去发展完善治理结构。

②高校内部行政权力与学术权力缺乏有效的调节机制。

③缺乏教职工和学生实质性参与的高校治理机制。虽然高校的教职工代表大会对教职工参与学校的管理有了一定的规定和保障，但是在现实中，因为缺乏必要的保障机制，这种机制的作用发挥得不明显。

2. 根本原因

高校治理结构存在问题的根本原因，是缺乏反映大学本质的办学理念和治理大学的科学管理观，社会组织结构的创新，相对滞后于高等教育事业的发展。

改革开放后，在强调以经济建设为中心的情况下，高等教育的改革滞后于经济改革。办学理念的创新与大学治理结构的改善，也同样滞后于高等教育内部的其他改革。1998 年通过《中华人民共和国高等教育法》后，虽然政策也强调了“扩大学校的办学自主权”，但政府对高校实行的权力下放，还存在一个过程。因此，高校还没有自主意识到，需要主动去探索完善现状的治理结构。

当前，现代大学制度的缺失是制约我国高等教育进一步发展的瓶颈。高等教育治理结构是现代大学制度的核心内容。为此，高校治理结构的构建，必须引起足够的重视。在治理结构的构建过程中，必须以“大学自治”和“大学自由”为根基的现代高等教育理念为指导；必须在明确高校是学术组织的前提下，根据高等教育的规律，符合科学管理的要求，以成熟的高校治理机制做保证。在这些方面，高校可以借鉴现代企业制度下的法人治理结构，探索建立符合中国特色社会主义大学的现代大学制度。

二、高校的法人地位问题

国内外大学发展的经验表明，高校作为一个学术组织，要想获得更大的发展，必须有独立的法人地位。这种法人地位不能仅仅停留在法律文本上，更应该体现在现实中。

（一）高校法人的内涵、性质

早在 1998 年通过的《中华人民共和国高等教育法》中，就对高校的独立法人地位进行了明确的规定：“高等学校自批准设立之日起取得法人资格。高等学校的校长为高等学校的法定代表人。高等学校在民事活动中依法享有民事权利，承担民事责任。”这使得高校的法人地位以法律的形式得以确立。

高校法人地位就其特点来说，强调高校自主权的获得；高校法人的性质，即具有民事法人主体性质。同时，对于那些有资格颁发学历证书和授予学位的高校，又具有教育行政主体性质。

高校法人地位的确立，从法律和理论上，保证了高校成为办学主体，这是适应高等教育本身发展规律的客观需要，也是高校提高管理水平的客观需要。高校法人地位在法律上获得了确定，为高校办学自主权的实现提供了法律依据，高校的发展比过去获得了更大的空间和更多的可能性。但是，目前还显得比较粗略。高校作为独立办学的法人实体，有依法充分行使自主办学的权利，在专业设置、招生、指导毕业生就业、教育教学、科学研究、技术开发、筹措和使用经费、机构设置、人事安排、职称评定、工资分配、对外交流和学校管理等方面，拥有法律法规规定的权限，实行面向社会依法自主办学。法律上的这种规定，对很多问题操作上的权限缺乏明确具体的界定。

（二）独立法人制度下的高校与社会、政府的关系

高校与政府的关系是一个具有世界性的普遍性问题，也是高等教育发展的“中心主题”。在高校成为法人之后，高校与社会、政府三者之间的关系也出现了新的变化。

1. 高校与政府关系的变化

在计划经济体制下，政府不但拥有举办权，还拥有办学权和管理权。当前，我国已经进入了市场经济阶段，但是，由于惯性思维的影响，仅仅依靠赋予高校法人地位的法律途径来解决高校发展问题，是不现实的。可行的办法就是建立举办者、管理者、办学者分离的三元主体模式，举办者可以是国家政府，也可以是企事业单位或个人，高校成为独立办学的主体，教育主管部门作为管理者行使监督、指导、检查的职责。这样的话，首先，政府不是所有大学的举办者，而只是公立大学的举办者；其次，政府是所有大学的管理者；最后，政府不是大学的办学者。这种局面已经出现。教育行政部门对高校的管理模式，逐步从直接的微观管理转变为间接的宏观调控。它们对高校的教育管理进行宏观调控，正在变“过程管理”为“目标管理”；对高校发展的环境及其各种关系，开始了服务性协调；对高校执行法规、教育质量开始进行评估式监督。高校也逐渐摆脱了被看作政府附属机构的尴尬地位。

地方政府和教育行政部门下放权力、转变职能的广度和深度，会随着教育管理体制的改革与发展，随着社会的进步，取得更合适的“度”，高校也将会获得更多的“空间”。为此，高校与社会的联系也会发生变化，由原来以政府为中介的两者线性关系，转化为相互关联、双向交流的三者的三角关系。

2. 正确处理社会、政府与高校的关系

在实践中，政府对高校的管理处于转型期，再加上高校的科学治理理念还没有完全形成，导致当前社会、政府和高校之间的关系处于问题的多发期。针对如何进一步理顺三者的关系，本书做出以下探讨。

（1）成立社会、政府与高校的沟通平台

在通过无形组织向社会输出知识、人才、思想、技术的同时，通过成立具体

的组织结构，如学术机构、咨询机构等，实现高校与政府、社会的联系和沟通。当然，构建这种开放式的大学组织结构或交流平台，仍然需要一定的过程。

（2）加强公关职能

当前，高校的竞争意识不强。随着教育事业的发展、市场意识的增强和高校教育体制改革的深入，开展外部公关，协调工作关系，营造良好的办学环境，增强办学活力，已经被列入高校管理日程。当前，公关管理在我国高校尚处于“零状态”。

（3）建立社会、政府参与高校管理的新模式

可以根据利益相关原则，准许有管理能力而又乐于参与高校管理的学生家长、校友、捐赠人、金融机构，以及高等教育管理系统的工作者、政府干部等参与管理。各高校可根据自己的实际，借鉴国外的先进经验，成立一个多人参与的管理机构，实现社会、政府和高校的互动。

三、高校领导体制及内部关系问题

中华人民共和国成立以来，我国高校领导体制演变经历了多个阶段。先后经历了校长负责制、党委领导下的校务委员会负责制、党委领导下的以校长为首的校务委员会负责制、党的“一元化”领导制、党委领导下的校长分工负责制、校长负责制、党委领导下的校长负责制等阶段。党委领导下的校长负责制，是经验总结的结果，是政治、历史、文化、环境等诸多因素作用的结果。它的主要优点如下：第一，保证了党对高校的领导，有利于教育事业的发展。第二，实行了党政分工，有利于学校党委对学校工作的政治、思想和组织的领导，从繁杂的行政事务中解脱出去；有利于保证行政系统有职有权地处理具体的行政事务。第三，党委领导是一种集体领导，有利于充分发扬民主，集思广益，实现科学民主的决策。

当然，有学者认为，高校的领导体制与高校举办体制是分不开的[①]。高校举办体制的多元化，导致高校领导体制的多样化。

目前，由于高校办学主体的变化，学校领导体制可归纳为六种类型，即董事会领导下的校长负责制、主办单位指导下的校长负责制、校长主持下的校务委员会制、教职工代表大会基础上的校长负责制、校长负责制、党委领导下的校长负

① 桑秀藩．腾飞的引擎：上海高等学校行政管理改革记述[M]．上海：华东理工大学出版社，2008．

责制。就主流而言，当前，我国高校主要实行的是党委领导下的校长负责制。

党委领导下的校长负责制，具有适合我国高校管理的特点，但是，仍有需要不断完善的地方。因此，如何在党委领导和校长负责两者之间构建起科学合理的权力配置架构，是高校必须解决的一个问题。

为了探索完善党委领导下的校长负责制，解决运行中出现的问题，应当根据我国高校现行的领导体制，正确认识学校党委是领导决策者，是一个委员会式的集体。校长是执行者，“党委的领导”是统一领导的概念。“校长负责”体现的是执行。“校长负责”的本质内涵是对校党委负责。

同时，我们可根据我国现代企业制度的现状，从借鉴出发，应正确解决决策者不是法定代表人，而法定代表人又不负责决策的关系问题。这样有利于高校领导体制的实施运行，有利于高校党政关系得到妥善处理，既节约行政成本，又实现科学民主。

四、高校管理机构的设置及人员配置问题

高校管理机构的科学设置与人员的正确配置，是高校实现科学管理的基本前提条件，也是实现高校改革与发展的重要措施和保障。

（一）高校管理机构的设置

在当前高校管理不断出现新要求的情况下，如何对高校管理机构进行科学设置，成为解决行政管理工作最基本的问题。

高校行政管理结构构建及其功能发挥，应该遵循以下原则。

1. 符合有效、简单、和谐的原则

任何科学的产生，无论是工具主义还是历史主义，都承认科学必须有用、有效。新的科学理论必须具有能解释前一个理论所不能解释的功能，这也就是我们所说的有效。另外，科学的另外一个精神就是简单。高校管理结构的构建和运行，也应该以简单为基础，以有效为目的，根据和谐的要求，减少不必要的中间结构，在工作中减少或去除中间职数，实现“扁平化”。同时，关注并解决如何发挥科层制管理效能的问题。

2. 坚持可持续发展原则

高校作为人类文明进步的一种组织，具有传承性、可持续性。这种可持续性，既有高校发展战略的可持续性，也有结构设置和运作的可持续性，还有管理人员配置的可持续性。

3. 坚持遵循高等教育规律原则

大学的结构决定大学的功能，大学治理结构的构建必须以高校的价值取向和职能的实现为依据，必须以切实有利于实现高校的教育目的为依据。治理结构及各项制度的设计，必须尊重历史、立足现实、展望未来，既要保持相对的稳定性，又要有前瞻性。

4. 保障和体现学术自由原则

高校的本质仍然是以学术为中心的，是追求创新的。一切的创新根植于思想和知识的创新，思想创新、知识创新、科学技术创新等，必须以学术自由为前提。一所没有或者不提倡学术自由的高校，是没有前途的高校。高校管理结构的设立，要保证和促进学术自由，保证不断地与外界交换信息，获取新的“能量”，保证创新资源不断进入高校系统。

（二）高校管理人员的科学配置

人员的配置、干部的任用，代表的是一个导向问题，它彰显了一种政策，弘扬着一种风气，体现了管理的水准。

高校干部的选拔任用，必须始终坚持以下原则：①党管干部、民主集中的原则；②任人唯贤、德才兼备的原则；③公开平等、竞争择优的原则；④群众公认、注重实绩的原则；⑤依法合规、按章办事的原则。同时，必须有必要的制度作为保障。当前，要继续积极探索、完善基层党政干部的选举制度、公开选拔制度、竞争上岗制度、聘任制和任期制等。

要科学对待高校“双肩挑”干部。“双肩挑”干部在我国高校几乎都存在，并且占有很大的比重。这些干部在高校管理和教学科研等工作中，扮演着重要角色。目前，这支队伍存在的主要问题是精力上处于超负荷状态、专业知识发展受到牵制、管理精力和能力难以适应高校建设的需要等。针对以上问题，应该采取有效的措施加以解决。

五、高校学院制管理问题

学院制的兴起，是我国改革开放以后高校管理的一个新特点。高校的学院制管理属于高校内部管理问题，由于它在高校管理中的重要性，在此作为一个独立部分，对其进行探讨。

（一）学院制内涵

学院制是高校实现内部管理科学性、有效性的重要举措。二级学院的建立，是高校在寻求自身发展过程中实施的内部组织结构调整，属于高校内部管理体制改革。学院制的推行有利于高校资源的科学配置和利用，对推动高校的科学发展具有重大意义。各高校于1996年先后兴起了建立学院、实行二级管理的热潮。学院的组建形式一般有三种：第一，由系直接升格为学院，俗称“系级院”；第二，经过学科的改组进行组建，包括以学科群组建学院和按照产业或行业的集合设置学院；第三，联合设院，包括高校与地方政府或企业联合共建新学院和高校联合组建二级学院。当前，二级学院走过的路程，一般是从“实系虚院”到“实院虚系”的过程。

实践证明，学院制的兴起是高校实现科学管理的必然。

第一，是学科群体发展的必然要求。目前，高校学科的发展进入了既高度综合又深度分化的阶段。仅仅以线性学科设置学校专业、系别组织与机制已经不再适应形势的发展需要。学科的交叉与综合，必然要求某一学科要在更大的学科空间里才能发展。学科发展的特点，虽然在观念上得到重视，但缺乏有力的组织保证和体制扶持。学院制的设立，可在一定程度上弥补这个缺陷，为学科发展提供良好的平台和机制。学科群建设，特别是交叉学科建设，成为实施学院制的基础之一。

第二，是现代科学管理的需要。推行学院制管理有利于减少行政组织架构。在治校的过程中，集权虽然有利于力量的整合和整体功能的发挥，但存在弊端，而权力过于分散，虽然有利于调动基层的积极性和活力，但容易导致各行其是，政令不畅。学院制的兴起较好地解决了这些问题，使集权和分权走向高效结合。

第三，是学术权力与行政权力制衡的结果。大学权力结构是学术权力与行政权力并存的二元权力结构。追求学术民主与追求管理效率两者的协调和最优化，是高校组织管理中突出的矛盾，实行学院制管理，有利于解决这一问题。

（二）学院制存在的问题及解决办法

近年来，学院制得到了较快发展，但仍存在较多的问题。

一是观念认识问题。很多人对学院制认识不足，存在片面性，认为它仅仅是一种管理形式。实际上，它不仅是一种管理形式，还是一种管理思想的产物。

二是实际运行中的问题，主要表现在三个方面。第一，学院组建不科学，主要表现为学院设置的学科层级较低，学院设置随意性大，跟风现象严重。第二，校院两级之间的责权关系不明确，学院的管理体制不明确。第三，缺乏明晰的两级管理目标考核体系。

三是很多学院是集系而成学院的，原有的系都不同程度地存在着独立性，现实中存在利益边界等，造成学院成为虚设的机构。

第二节　高校行政改革的必要性、依据和影响因素

一、高校行政改革的必要性

（一）高校提高自主办学能力的需要

当前，随着我国高等教育进入以提高质量为核心、走内涵式发展道路的新阶段，现行的管理方式存在许多不适应的地方：政府与高校关系尚未完全理顺，职能越位、缺位问题尚未很好解决；管理方式单一，综合运用立法、拨款、规划、信息服务的意识不强、能力不足；一些高校内部治理不够完善，自律机制建设薄弱，影响了自主权的有效行使。这些问题一定程度上束缚了高校发展的生机和活力，制约了高校功能的充分发挥。

随着我国经济社会的快速发展，高等教育面临着多元化、差异化、国际化的新形势和新挑战，高校需要提高自主办学能力，增强创新性和竞争力，更好地服务于国家和社会的发展。

（二）高校培养浓厚学术氛围的需要

尽管高校的职能是为国家培养人才、进行学术研究和科学发明，但是目前多数高校无法创造出浓厚的学术氛围。因此，为了确保高校教育的高质量和纯净性，为国家培养出更多更高质量的人才，需要对现有的高等教育行政体制进行改革，清除不良风气，打造良好的学术环境，培养浓厚的学术氛围。

（三）高校适应市场经济发展的需要

市场经济的需求是随着时间不断变化的，因此，高校需要具备适应市场变化的能力才能够在市场上长期立足并保持稳定的发展。现阶段，我国高等教育行政体制缺乏主动进行自我调整的能力。因此，为了适应市场经济的发展变化，必须

改革高等教育行政体制，促进高校的进步与发展，为我国高等教育市场化发展提供良好的发展机遇和发展空间。

二、我国高校行政体制改革的依据

当前，高等教育改革的核心是以发展为主线，以结构调整为路径，以政府部门放权和体制创新为驱动，以提升办学质量为目标。高等教育体制及运行机制正逐步从计划经济适应向市场经济适应转变，资源配置也从政府主导的计划配置转向政府在宏观指导下市场发挥调节作用的新模式；教育政策越发凸显公平与效率的有机统一；人才培养规格和模式日趋多样化；教育在推动思想道德观念更新、促进社会进步方面的作用日益凸显。构建现代大学制度既是高等教育改革深化的必然需求，也是内部改革的外在驱动力。

随着高等教育改革的深入推进，高校在改革中的关键地位越发显现，其重要性变得不可或缺。借鉴发达国家的历史经验，改革往往自系统层面和宏观层面展开，继而逐步延伸至学校层面。伴随着高校办学自主权的落实，众多高校纷纷扩大办学规模，这也越发凸显了内部管理活动的独立性与重要性。

作为具有学术性的文化机构，高校在具备一般组织特征的同时，管理制度和管理模式也呈现出独特且复杂的特点。学术活动的“自然模糊性”使得高校组织目标难以精确界定，因而高校无法如其他社会组织一般严格遵循理性管理原则实现高效运作。这种模糊特性在决定高校管理需构建高效、灵活的创新型制度与运行机制的同时，也表明管理工作具有一定的难度。

随着高校规模不断扩大和职能日益拓展，高校事务日益烦琐，管理职能和模式在现代信息技术的飞速发展中实现了转型。如今，高校管理职能已从“传统学术田园的守望者”转变为“创新企业型大学的开拓者”。在高校的生存与发展中，管理的重要性日益凸显。因此，强化管理成为高校生存与发展的根本任务。

三、高校行政改革的因素

（一）高校外部行政体制改革因素

国家政治体制和行政体制改革的深入推进和发展，对高等教育行政体制改革提出了客观要求。由于市场经济体制不断深化和完善，高等教育的管理体制也需要相应地改革和调整。在社会主义市场经济体制下，多种经济成分的并存和发展正在对高校办学主体的单一化格局和相应的管理模式造成影响。经济主体的多元化，要求决策主体在决策权上要做到明确划分，而不是采用高度集中的教育决策。随着市场体系的逐渐完善，市场越来越具备多变性、竞争性、开放性及信息网络性的特点。

高校在最近几年的整合与调整中，不断扩大自身的规模，而这也对校园管理提出了更高的标准和要求。众所周知，管理是具有自身的局限性的，它只能适用于一定的范围内。如果试图超越这个范围，就会对管理的效益和效率造成负面影响，从而导致管理效率低下，并可能使管理呈现出混乱和无序。现如今，高校的规模十分庞大，数量也相对较多，再加上旧体制的一部分遗留问题，使得高等教育的管理事务变得纷繁复杂。从现实的角度来看，市场经济对高等教育的影响越来越大，如高校在招生、就业、后勤社会化、人事制度改革、融资渠道变化等方面都受到了市场和社会的影响。因此，必须对传统的行政体制进行改革和创新，确保其能够与时俱进。

（二）高校内部行政体制改革因素

高校内部管理体制改革是一项复杂的系统工程，涉及多个方面的利益调整和权力重构。在推进改革过程中，以下几个因素值得关注。

1. 政策法规因素

政策法规是高校内部管理体制改革的基础和依据。国家有关部门要根据国家法律法规的规定，制定相应的政策文件和指导意见，明确高校内部管理体制改革的方向、目标、原则和具体措施。同时，各级政府和高校要严格遵守法律法规，确保改革合法合规进行。

2. 高校自身特点因素

高校内部管理体制改革需要充分考虑高校的自身特点，如办学定位、学科设置、师资队伍、人才培养等。不同类型、不同层次的高校面临的管理问题和改革需求各有差异，因此在改革过程中要注重分类指导，不搞“一刀切”。

3. 利益调整因素

高校内部管理体制改革涉及教职工的切身利益，如岗位设置、职称评定、薪酬分配等。在改革过程中，要充分调动教职工的积极性，妥善处理各方利益关系，确保改革平稳推进。

4. 创新能力因素

高校内部管理体制改革需要创新思维和举措。高校要敢于突破传统管理模式，积极探索适应新时代发展要求的管理方式。同时，政府和社会要为高校改革提供足够的空间和支持，鼓励高校在管理体制创新方面进行大胆尝试。

5. 信息化建设因素

信息化建设是高校内部管理体制改革的重要支撑。高校要加大信息化建设投入，提升信息化管理水平，为教育教学、科研服务、行政管理等提供便捷、高效的支持。同时，政府要加强顶层设计，推动高校信息化建设与国家大数据战略相结合。

6. 监督评估因素

高校内部管理体制改革需要建立健全监督评估机制。政府要加强对高校改革过程的监督和评估，确保改革措施落到实处。此外，高校要自觉接受社会监督，及时发现并解决问题，持续优化管理体制。

7. 内外部协同因素

高校内部管理体制改革需要校内各部门之间的协同配合，同时也要与政府、社会、企业等多方建立紧密合作关系。内外部协同有利于高校整合资源，提高办学效益，实现改革目标。

第三节　高校行政改革的目标与方向

当前，我国亟待加速推进并全面深化高等教育行政体制改革，此项任务艰巨且复杂。我国现行的高等教育行政体制并未完全契合我们所设定和选择的改革目标，仍存在较大差距。为适应不断变革的社会经济环境，有必要对我国高等教育行政体制进行深入改革。深化高等教育管理体制改革，需对社会环境和经济条件进行相应调整。尽管我国各项改革正在稳步推进，但从实际情况和进程来看，实现新旧体制转轨转型的过程中仍存在诸多改革难题和障碍，唯有解决这些问题和障碍，方能达成改革目标。

一、高校行政改革的目标

（一）实行党政分离，明确各自职责

对高校单一的委任制进行改革，实行任期制，推行聘任制。高校行政改革的前提是学校并非一级政府，鉴于此，学校应该在遵循教育教学规律的前提下进行

运作。如果采用行政委任制来管理学校，这种行政逻辑很可能会破坏学校正常的教育教学规律，抑制教职工的积极性。可以说，校长是学校的形象代表和信誉，因此，优秀的校长是一所好学校的必要条件。一位优秀的校长并非由上级政府委任而来。高校在实行聘任制的过程中，要建立起约束机制，要保证选拔过程的公开、公平，并且考察委员会应由教师代表大会、工会代表大会、教授委员会等组成，负责选拔和监督。为了确保公正性，需要开展公开答辩活动，并接受教职工的质询。

（二）理顺学校内部学术权力与行政权力的关系

高校应淡化行政级别观念，注重学术影响力和学术权威。高校可设立教授委员会等机构，促使更多学术精英参与学校管理与决策过程，充分发挥高等学府的学术权力作用。在高校中，学术权力和行政权力各有所长，各有其存在的价值和局限，二者无法替代或以一种权力掩盖另一种权力。无论是高校的教学、科研活动，还是社会服务活动，均具有独立性和创新性，且基于学科开展，只有从事这些活动的专家才具有权威性和发言权。我们倡导在高校以学术权力为主导，并非否定行政权力的存在，而是要实现两者的有效整合。

（三）转变管理理念，树立经营学校的理念

观念的转变对于改革具有重要意义，倘若缺乏观念上的突破，实质行动的解放便无法实现，进而无法推进实际工作的开展。在社会经历重大转型和变革的背景下，高校需对其办学理念和管理理念进行适时调整，学习并借鉴先进的经验，持续更新管理思维，创新管理理念。当前，高校与社会的联系日益紧密，已不再是封闭的象牙塔，这也促使高校社会化进程加速。在投融资体制转变的背景下，高校面临着社会化办学的挑战，高等教育产业得以深度发展。在此背景和前提下，高校应在遵循教育及市场发展规律的基础上，转变经营理念，以实现学校管理工作的创新，提升办学实力，为师生提供更优质的教学服务和科研服务。

（四）加快高校管理职能调整和机构改革进程

传统的高校管理模式以行政管理为主，强调宏观管理和单一管理，涵盖了教职工、学生生活和工作各个方面的安排与调度。然而，在知识经济时代，知识对经济的影响已不再是间接的，而是直接的，它已成为经济生活的重要组成部分。知识的运用不仅能依靠拥有知识的人来体现，还能直接转化为财富，实现知识的物化。因此，一些国家机关、企业和团体在高校设立了研究中心，许多高校也积极创建和发展科技园，使得高校管理呈现出复杂化和多元化的特征。

为应对新形势，高校应及时调整自身的管理职责，明确自身需承担的职责、无须承担的职责及可委托他人管理的领域。这将有助于高校更加专注于整体发展，并根据职责变化适时进行行政机构改革，以提高管理效率和管理效益。

（五）加强高校人事分配制度改革

如今，核心竞争力已成为社会广泛关注的话题。这一概念源自最新的企业管理理论，强调企业竞争不仅体现在产品竞争层面，还包括企业内部团队创新能力与人才竞争。对于高等教育机构而言，其核心竞争力在于优质的师资力量，优秀的管理能够最大限度地释放师资潜能。

传统的人力资源分配制度倾向平均主义，缺乏对人才发展的支持与激励。为提高教职工待遇水平，高校需要改革人事分配制度，引入竞争机制，实现人才与利益的合理分配。高校应激发教职工的热情与积极性，让他们充分发挥才智，从而提升学校竞争力。

在改革时期，人事制度改革的措施应符合我国实际情况，与高校的特殊地位相一致。采用合理、科学的改革方法，既能实现减员增效，也能增员增效，避免将过多负担转嫁给社会。

总之，在我国高等教育行政体制改革过程中，人事分配制度改革是一项重大挑战。高校需要采取科学、民主的政策制定方式，并结合实际情况，积极稳妥地推进改革进程。

（六）建立和完善高校保障制度

基于所追求并选择的高等教育行政体制改革目标模式，高校必须在组织架构、发展方向及人员配置等方面实施重大调整。除少数机构与人员应归还政府管理外，其他人员需进行分流。实施政校分开、校企分开政策后，一些事业编制人员将进入企业，导致个人身份转变，相应待遇也会发生变化。显然，调整机构及人员分流将面临严重阻力。因此，有必要加速相关配套制度改革，如现行干部人事制度、户籍管理制度、住房制度等，并尤其强调新型社会保障制度的加快构建与完善，以确保高校人员分流顺利实施。

我国现有社会保障制度的设计重心在于提供福利保障。在高校，保险制度与行政单位基本一致。长远来看，构建现代化、多元化社会保障体系，并将公共事业经费预算和社会保障经费预算分开，是社会主义市场经济体制建设的重要环节。

（七）建立完善高校内部评价体系和考核制度

当前，我国高校的管理评价考核体系，如员工评价、干部评价及学术评价等，呈现出一定程度的僵化和滞后，这对于人才的培育与发展构成了阻碍。高校应主动应对现实与未来的挑战，深入思考并创新其评估与考核体系。

为了有效激发教师的积极性和主动性，高校应对教师评定考核与奖惩制度进行改革与创新，以推动高校实现可持续、全面发展，构建一种健康的运行机制。

（八）加快高校管理方式和管理手段的转变

高校管理对象日益繁杂，管理内容不断丰富，高校管理需求因此呈现出多样化的趋势。为应对此种局面，高校应对传统管理模式进行创新，积极引入市场管理理念与方法。同时，强化高校与社会之间的联系，构建并完善合作机制，提高中介组织效能，充分发挥其潜在功能与作用。在现代社会中，我们应利用各类中介组织，发挥其桥梁、服务、缓冲、资源配置及监督等功能，降低交易成本。

（九）完善高校内部的各项规章制度并加强组织建设

高校应优化各种章程，构建完善的学术机构与职工权益组织，如教职工代表大会、工会代表大会、教授委员会等，赋予这些组织相应的权责，使其在处理重大事务时具有决策能力。高校应精细规范各类系统和组织的行为，在当前高校自主权日益扩大的背景下，构建健全且科学的自我约束机制，借助政府宏观管理，实现高效运作，确保各项职能协调发挥。基于约束机制的建立和完善的规范体系，高校可在后勤保障、科技创新服务、学生事务管理等领域逐步实现更专业化、更职业化的运作。

二、高校行政改革的方向

（一）借助宏观调控，推动高校自主办学

在高校自主办学方面，国家也探索了许多创新的举措，进行了大胆的尝试。例如，政府允许企业与高校联合办学，合作开展教育项目；又如，扩大高校自主办学的权力等。尽管高校在不断强化自主发展能力，但有些事情超出了高校的掌控范围，因此需要政府提供支持和援助。高校和政府应该不断沟通和磋商，以确立各自的职责范围，对政府与高校之间的关系进行明确。高校也应该借助政府的宏观调控力量来提高自身的自主办学能力。

（二）破除不正之风，营造浓厚的学术氛围

只有削弱高校内部的官僚主义倾向，淡化官僚之风，注重和加大对学术事业的投入，才能鼓励学者专注于学术研究，投身于人才培养，从而实现高校的使命与任务。

高校行政管理人员应更新工作理念，重新审视自己的职责，明确职位职责和工作目标，了解高等教育的宗旨和目的，根据职责和目标去完成行政管理工作。

此外，必须制定相应的制度规定，并监督领导机制、行政体制的执行，加强对管理人员管理工作的监督力度，以确保行政管理的顺畅进行，防止权力滥用。

加大对学术研究的投入力度，加强对学术研究的重视程度，这是至关重要的，要确保学术权力处于中心位置，并且在行政管理中邀请资深学者积极参与，让重视学术的氛围在高校中得以良性循环。

（三）配套相关制度，推动行政体制改革

只有在良好的社会环境中进行高等教育行政体制改革，才能够顺利实施并取得成效。若改革环境不佳，将会增加改革难度，阻碍改革进程。

因此，必须以国家法律法规的大力支持为前提，从国家层面为高等教育行政体制改革提供保障和支持。此外，高校还应根据国家的要求，结合本校的实际情况，建立合理的行政体制，并配备与之相适应的监督机制、检查机制、奖惩机制，高校内部规定应该保证与国家法律制度相一致。

第四节　高校行政改革的意义与措施

一、高校行政改革的意义

（一）适应新的社会形势的需要

高校已然成为关键的知识创新基地与高素质人才培养基地，其社会地位不断提升，影响力持续扩大。我国高等教育事业正呈现繁荣发展的态势，同时，高校之间的竞争也日趋激烈。在这个不断变革的时代，各大高校在面对新的挑战与新形势时，认识到行政管理体制改革和创新的重要性。在配置高校诸多有形和无形资源方面，如教学资源、人力资源等，行政管理居于核心地位，因此，行政管理

体制的改革和创新显得尤为迫切。高校需不断调整思想观念，运用创新方法和手段改革和创新行政管理体制，以适应现代社会变革，满足新时代发展需求。

（二）保证高校的改革发展顺利进行的需要

对于高校的改革发展而言，高等教育行政体制有着保障作用、协调作用、参谋作用、激励作用等。高校日常运营的各个方面都紧密相连，一旦出现问题，可能会对高校的整体工作产生影响，进而阻碍高校的改革发展。行政管理旨在通过提供服务来协调不同部门之间的关系，建立有效的监督检查机制，为每个部门和个人设定相应的、不同的督办要求，以此来推动高校内部各个部门及时、认真地完成任务。同时，行政管理还积极向有关部门提出发展建议与意见，借此促进高校各项工作的顺利、有序开展。

（三）高等教育改革深入的必然要求

随着高等教育改革的不断深入，许多新问题随之出现。高校的行政管理是营造良好教育环境的重要因素之一，因此需要承担起促进教育改革顺利实施的责任。对于高校行政管理而言，需要对高校的基础设施建设、教学改革、学科建设、师资建设、人才培养等方面的方向性问题进行把握，将高校的优势发挥到最大。加强行政管理有利于提高高校的办学效益，为此，高校应该转变和创新管理理念，创新技能与手段，进行科学、有效管理。

（四）高校正常运营的需要

在高校中，与高校教育、科研活动相比，行政管理工作通常被认为是辅助性工作，但它仍然是不可或缺的组成部分。高校行政管理的主要职责是协调学校领导、行政执行人员、教师和学生之间的各种关系。行政管理部门负责为教学和科研等基本工作提供支持与服务，与学术管理部门相互配合，共同管理高校各项内部事务。此外，高校行政管理部门也是社会各界对高校进行深入了解的重要媒介。

二、高校行政改革的措施

（一）协调行政管理与学术管理的关系

高校管理结构的独特性体现在行政管理和学术管理的相互交织、相互联系和相互依赖方面，二者协同合作以达成高校的目标。为保证决策的科学性和合理性，避免资源浪费，确保高校不断发展壮大，有必要针对性地调整行政管理和学术管理之间的关系。协调二者关系有助于建设性地解决问题，确保决策的科学性和合理性，避免资源浪费，并保证高校始终遵循发展目标。

为实现行政管理与学术管理的协调，应从以下几个方面着手：首先，制定相应的工作制度，设立必要的机构，将个人负责制与集体管理相结合，依靠体制和制度规范学术管理和行政管理；其次，对高校的权限进行明确划分与规定，如经费使用决策权等，在学术管理中进一步提升专家学者的声望和地位，防止管理重心向行政系统倾斜；再次，针对两种管理间的矛盾，可通过咨询、审议、联席会议等方式进行协调，确保无论是学术管理目标还是行政管理目标，均与学校整体目标保持一致；最后，在两种管理中充分发挥教师的作用，赋予教师充分的自主权，包括教学计划、课程设置、授课内容等方面的安排，同时鼓励教师参与学科发展与走向等决策。

（二）倡导柔性化行政管理

在高等教育的行政管理中，采用柔性管理能够激发员工积极性与主动性，同时增进行政管理者与学术人员之间的沟通与交流，有利于达成学校管理目标。

为实现柔性管理，首先需确立民主化管理理念。这意味着高校需强化师生的民主参与意识，构建并完善各类决策与咨询机构，以便师生参与学校管理，并培养广大师生的主人翁意识与责任感。此外，柔性管理强调感化人心，对个体内心产生激励作用，从而营造和谐校园。其次，关注师生内心情感需求，确保增强情感凝聚力。柔性管理以人为核心，强调尊重与理解，旨在营造和谐工作氛围，促使被管理者主动学习和工作。若高校行政管理能秉持关爱之心，必能形成亲和力与凝聚力。最后，加强各部门及人员间的互动沟通与协作，增强团队凝聚力，确保高校在健康的人际关系基础上稳步发展。

（三）构建“服务型行政模式”，倡导“以人为本”

如今，在我国高等学府及党政机关中推广“服务型行政模式”已变得至关重要且不可或缺。欲实施此模式，高校行政管理人员须具备丰富的经验、较高的文化水平，同时拥有杰出的思想道德品质。在此基础上，他们方能贯彻为人民服务的宗旨，将学生、教师、职工利益置于首位，从而推动高校行政管理迈向更高层次。

（四）坚持科学的领导体制，规范使用行政权力

高校领导体制必须坚持“党委领导下的校长负责制”原则，以提升行政管理的服务职能。党委领导在高校内部系统中居于核心地位，在高校全局工作中，党委工作是中心，党委重在决策，校长重在执行。高等教育方向必须保持连贯性。此外，要确立和完善各项规章制度，让规章制度成为高校行政管理的依据、准绳和标准，在此基础上，行政管理人员依法履行职责，促进高校工作的顺畅进行。

（五）优化管理方式，确保工作效率

就目前来看，我国高校行政管理工作在体制上与社会环境、教育环境产生了脱节，与当前的社会发展要求不相适应，因此，我国高校行政管理方式和理念必须适应时代的发展需求，进行转型和升级，以适应新形势，这一任务迫在眉睫。高校的行政管理人员应该对办学后的社会效果更加关注，并转变观念，将传统的以办学条件为主的观念转变为以社会效果为主的观念。在高校的行政管理工作中，不能只关注教学管理，也应更加注重教学管理质量和水平，对于陈旧的思想观念要积极摒弃，寻求新的管理定位，做出持续不断的改进。同时，可以将内部竞争机制引进高校，优胜劣汰，对工作人员根据不同的职位进行考评，并根据工作表现给予相应的薪资，优劳优酬，以达到优化管理方式、确保工作效率的目的。具体操作措施如下。

1. 建立考评体系，强化管理职责

在高校的行政管理工作中，考核是一个非常关键的管理机制，其作用在于检验工作成果，并为管理提供一个重要的考核手段。要达到更好的考核效果，需要根据实际情况制定一个更加全面、更加完善、更加科学的考核体系，以适应不同的环境和需求。为了让高校工作人员心悦诚服，同时培养更多行政管理人才，高校需要建立一个公正、公平、透明的考核评价体系与考核执行环境。高校可以对部分重复的部门进行合并或者撤销，在各个部门积极配合的情况下，对人员进行优化配置，提升高校的整体实力。

2. 科学规划岗位，完善晋升制度

当高校需要设立行政管理岗位时，首先要考虑的是该部门的职责和工作难度。除此之外，还要考虑到职位与升迁之间的关系。对于高校的行政管理人员而言，在晋升方面有期望，才能更好地为高校工作，发挥自己的主观能动性和创造性，积极探索提升自己综合素质的途径。行政管理人员要处理好岗位与晋升的关系，

实现科学管理。高校也应该监管行政岗位，对各个岗位的评判或赏罚也应该有一个明确的评判标准。这些评判标准应该考虑工作目标、工作职责范围、工作特点、工作权限、招聘条件、责任承担程度和核心技能要素等方面。

3.引进激励机制，努力实现各阶层发展机会的平等

在当前的高等教育环境中，高等教育行政体制可分为两类不同的模式。一类是静态型管理机制，即在各层级的高校行政管理部门中，采取统一的奖惩措施。另一类是动态型管理机制，即根据特定的评估标准对高校行政管理人员进行评估，这些标准包括工作成效、业绩等。动态型管理机制能更好地满足高校行政管理人员的需求，有效激发其积极性和主动性，提高其创新能力。目前，我国大部分地方高校已普遍采纳动态管理机制。

为使动态管理机制发挥成效，需构建具体的评估指标，并对指标进行量化，营造良好的操作环境，以便对高校行政管理人员进行评估。此外，还需制定定性指标，将目标考核与组织评议相结合，进行全面综合评判。在评判过程中，应全面考虑各方面因素，同时兼顾高校行政管理人员的职责及其对高校的贡献等。评估完成后，按照多劳多酬、优劳优酬的原则进行分配，实行按劳取酬。只有实施这样的岗位激励策略，才能充分发挥高校行政管理人员的潜能。对于业绩不佳或无业绩的人员，应予以批评和教育；对于在行政管理岗位上长期业绩不佳或业绩不明显的人员，应予以调整，以优化组织结构。

（六）提高高校行政管理人员的素养

针对高校行政管理队伍，高校有必要加强行政管理人员的专业化建设，以提升他们的素质。为此，高校可组织统一的院校知识培训，助力行政管理人员提升预见风险、适应变化及收集和处理信息的能力。此外，设立定期交流渠道，促进行政管理人员与院校研究人员之间的互动与交流，如举办专题研讨会、讲座等。在决策讨论过程中，积极引导优秀研究人才参与，充分听取其意见和建议。同时，推动行政管理人员学习新型服务技术，掌握新颖的思路和方法，以创新方式完成高校行政体制改革任务。

（七）创新高校行政管理技术手段

高校行政管理可以通过采纳尖端技术手段，实现创新改革，从而加速信息传输速度、简化管理程序，缩短管理流程，提高工作效率。此外，此举有助于降低信息失真风险，增强信息真实性及可靠性。高校应将先进的信息技术与行政管理

相结合，实现行政管理方式的创新，转变思维模式，提升经济效益及社会竞争力。高校要为行政管理工作提供一个开放、科学的信息平台，构建实用数据库，确保信息共享与流通。

总体而言，改革与创新高等教育行政体制需谨慎、深思熟虑，这是一项复杂且艰巨的长期事业。因此，在推进行政体制改革与创新过程中，须确立正确的工作目标，并持之以恒。同时，持续反思与研究，不断实践，唯有如此，方能科学有效地引领高校行政管理工作，推动我国高等教育事业发展。

第六章　高校行政改革对策

在当前放权简政的指导思想下，高校行政管理必须进行深度改革，这也是我国高等教育向更高层次发展的必然要求。本章为高校行政改革对策，主要介绍了四个方面的内容，分别是高校行政运行模式改革、建立高等教育行政审计机制、建立高等教育行政激励机制、建立高等教育行政协调机制。

第一节　高校行政运行模式改革

我国有研究者提出，教育制度有三种基本形态，分别是自在性教育制度、强制性教育制度和自主性教育制度，现代教育制度处于由强制性教育制度向自主性教育制度变革的过程中①。导致这种变革的主要因素，是一种基于个人教育利益的多元主义制度博弈。反观大学管理制度改革的情形，的确与之有相似之处。

各国由于历史文化的差异，行政权力在大学发挥作用的形式各异。例如，法国和日本等国家，校园外部实行高度集中权力，而在校园内部，特别是在长期由教授主导的学术领域，教授仍具有显著的权威地位。自 20 世纪起，随着多元化巨型大学的崛起，大学组织的松散联合特性日益明显，由此产生了多种利益相关者和多种权力机制共同主导大学管理制度改革的局面。同时，大学凭借逐步扩大的自主权，开始在大学管理制度改革中扮演更为积极主动的角色，大学教授在大学管理制度改革中的影响力也逐渐提升。

一、决策模式改革

随着大学自身的发展及其与外界关系的变化，受政治权力和社会权力的影响，大学由主要追求学术目标，逐步转向追求多种目标，主导大学决策的权力也由单一的学术性、学科性权力，逐步转向包括学术权力、行政权力和社会权力在内的多种权力。

① 胡建华，王建华，王全林，等．大学制度改革论[M]．南京：南京师范大学出版社，2006．

布鲁贝克认为:“高等教育越卷入社会的事务中，就越有必要用政治观点来看待它。就像战争的意义太重大，不能完全交给将军们决定一样，高等教育也相当重要，不能完全留给教授们决定。”①随着大学的发展,“权力中心看来正从大学内部转到大学外部，从学术界转到公共领域，从大学历史上的特权和豁免权地位转到承担义务和责任的地位”②。

为适应这一变化趋势，各国大学大力改革决策模式，在加强直线式决策机构与各类决策委员会协调配合的同时，根据市场的需要，进行灵活决策。

（一）学院模式

中世纪的大学只有很少一部分是由学生组成的团体进行管理的，而大部分的大学则由学术人员（教授为主体）进行管理，学术人员通常掌握实际决策权。这种决策模式被称为学院模式或者教授统治，也被称为学术团体模式。

例如，巴黎大学早期基本由教师进行校内管理问题的全部决策。学位要求、课程、教师的任用，以及其他重要问题，也都由教师做出决定。这种决策模式具有两方面的显著特点。

1. 权力在基层

伯顿·克拉克认为，大学是由承担特定教学任务的事业单位和学科共同构成的二维矩阵，教授所属的学科领域是其权威的最终渊源。“教授在其所在的学科内专断甚至专制地工作，同时，他们又集合起来，平等地和部分平等地集体决定较大事项”③。

2. 以分权为基础

大学或学院中拥有众多学科，但各学科彼此分割，这导致教授跨越不同学科领域进行决策时，无法形成统一的、强有力的决策。

由于高等教育的结构重在基层，它就特别有赖于在下层释放能量。学院模式的优点在于可以激发学术人员的积极性，同时保障学术自由。

伯顿·克拉克的观点是，教授倾向采用学院式统治，来管理系、学部、学院、研究生院和整个大学组织，但这种管理方式需要进行长时间的协商、讨论、协调，难以满足环境不断变化下迅速做出决策的要求，从而会对办学效率造成不利影响。同时，由于教授个人独裁的出现，很容易出现自作聪明的决策，形成以学者自治

---

① 胡建华，王建华，陈何芳，等．大学内部治理论[M]．南京：南京师范大学出版社，2019.

② 胡建华，王建华，陈何芳，等．大学制度改革论[M]．南京：南京师范大学出版社，2006.

③ 同②。

为主要特征的“自我服务”和自我满足倾向，从而影响学校与社会的沟通，导致封闭与僵化[①]。

在20世纪50年代的德国，教授在大学内外事务中享有前所未有的权力，因此当时的大学被称为“学者共和国”，意味着教授的权力至高无上。这种高等教育思想以高校自治为核心，导致了以下结果：极大地降低了政府对高等教育的监管及社会对高等教育的影响；教授的教学和科研通常更专注于学术研究和他们个人的研究兴趣，而不是关注社会和经济的实际需求；教授共同商议、决定学校内部的事务，并在各自的研究所内有着独裁式的权力，其他人没有参与管理的机会和权力。在这样的背景下，大学逐渐脱离了政治、经济、社会，出现了学术至上的倾向，最终让大学变成了学术象牙塔。

（二）行政模式

随着时间的推移，国家加强了对高校的控制，这就使得高校在内部逐渐建立起等级制的行政体制。在某些国家，大学内部管理已经趋向行政化的方向。在大学的决策过程中，行政管理人员起着主导作用。行政模式或科层制模式是指行政人员手中掌握实际决策权力的决策模式。在美国，以校长为首的行政部门在很多大学的管理与决策中拥有较大的管理权。

例如，美国加利福尼亚大学的权力结构分为四个层次，分别是联合大学、大学（分校）、学院和系。大学中，董事会具有最高的权力，是最高的权力机构，主要负责大学的决策制定，而校长则是大学的执行领袖，直接向董事会负责。常务副校长负责教学，承担了大部分的管理工作。加利福尼亚大学采用严格的等级管理制度进行管理。权力集中在高层，下级必须对上级负责，相对来说，学术委员会等的权力有限。行政模式的显著特点在于权力高度集中于高层管理者手中，这有利于促进大学的整体运营和管理效率的提高。然而，这也可能导致行政部门对学术事务的干预过多，阻碍学术发展，此外，还可能引发行政人员与学术人员之间的矛盾，不利于学术水平的提高。

（三）双重模式

从实际情况来看，学术人员和行政人员通常在不同的管理领域或管理层面分享决策权力，鉴于此，可能在同一所大学中出现教授统治与官僚统治一起管理的情况。

---

① 张茂聪，李松玉．现代大学管理制度改革与创新：国际比较的视野[M]．济南：山东教育出版社，2013．

双重模式指的是学术人员和行政人员一起共同分享权力的模式，具体而言，这种模式可以分为以下两种情况。

1. 在不同的管理领域分享权力

在不同的管理领域分享权力主要是指决策权在学术领域倾向学术人员；决策权在其他管理领域，则倾向行政人员。

英国大学是最典型的代表，通常设立两种机构：一是理事会，主要组成人员是非学术人员，主要担负着学校财务管理、物业设施规划和维修、员工任命和确认等职责；二是学术评议会，主要组成人员是学术人员，主要职责是对有关的学术问题进行决策。对于高校中的重大决策问题，如推举首席行政人员，就需要由理事会成员和评议会成员组成的校务委员会来进行决策。

2. 在不同的管理层次分享权力

在不同的管理层次分享权力，指的是决策权在学院、系及其他亚层次组织倾向学术人员。但是在整个大学层面上，每个国家的情况不尽相同：在美国，权力由校外人士组成的董事会控制；在欧洲大陆国家，权力由政府直接控制，相对来说，院校行政或董事管理形式较为虚弱。欧洲大陆国家的大学一向有“国立大学”的称谓，在大学的规划、学位认可和资源分配等方面，政府行政权力起着至关重要的控制作用，政府在大学中扮演了重要的监管角色，因此大学的行政权力不高。尽管如此，中央集权主要是对大学层次权力进行的削弱，教授在学部和基层有着非常大的活动领域。

（四）市场模式

以上三种模式所注重的是大学内部的权力关系，以及相关人员积极性的发挥。但是，决策问题不能脱离环境的情境特征，大学管理需要处理的关键问题是，如何适应环境的变化。当前，社会利益出现分化，加之各个利益主体的影响在不断扩大，这就导致当前大学如何适应和处理多种社会利益主体的诉求，如何对自身的运行机制进行调整，如何对决策模式进行改革与创新成为当下的热点与难点问题。

伯顿·克拉克在分析部分国家高等教育系统整合过程时，提出了三种理想的权力协调模式，即国家权力、学术权威和市场，其认为市场对高等教育系统的影响有日益扩大的趋势，并且着重分析了消费者市场、劳动力市场和院校市场这三种主要的教育市场形势。但是，广义的市场远不止这三种形式。它包括影响大学发展的多种利益主体。大学决策的市场模式，是指社会相关利益主体参与和影响大学决策的形式。因此，就重视和强调社会参与而言，又可以称其为“社会模式”。

具体来说，市场模式具有以下特点：①强调大学与环境的互动，大学的自我保护并非通过抵御环境的复杂性而实现，而是积极地适应和调整以适应环境，以获取环境中的资源。②根据自身的特性，大学对自身的环境资源进行处理和加工，这与市场方式的加工过程有所区别，只有这样才能保持大学作为开放系统的不同结构。因此，在适应市场的同时，大学并不等同于“市场化”，换句话说，不是将市场机制直接套用到大学中。③市场模式有着分散决策的特点，大学在对市场进行适应的过程中，各子系统逐渐成为经营主体，这些经营主体相对独立，拥有较大自主权，这就使得大学经营化程度不断深化。

市场力量是一股能够超越传统权力关系的力量，其影响主要体现在对大学、政府及大学与政府的关系上的改变。

日本学者金子元久在讨论市场模式的特点时提出：“从现在发生的实际变化来看，在高等教育中，既有供求直接面对意义上的市场，也有政府模拟市场机制形态的模拟市场。”①

市场是直接受到供求关系影响的经济领域，供求直接面对的市场为需求市场和竞争市场，也就是说直接面对消费者市场、劳动力市场和院校市场。各类院校为了获得学生家庭和用人单位对大学教育功能和研究功能的需要而支付的费用，会进行竞争。模拟市场指的是将市场的某些功能以某种形式应用于政府资源供给的过程中。例如，只有那些通过评估，绩效符合政府标准的大学才能得到更多的政府拨款，这彰显对大学的“问责”。

简言之，近年来各国政府已逐渐放弃一揽子拨款的方式，转而采取多种形式，如目标激励性拨款、基准拨款、绩效拨款、引资拨款、边际成本拨款、竞标拨款等形式。市场和模拟市场对政府权力的运作方式进行了一定程度的改变。在此基础上，以下问题被提出：谁应当对大学的可持续发展最终负责——国家还是高校自身？如今的拨款方式对大学保持长期产出能力是否有帮助。

二、控制模式改革

（一）基层控制

2002年，香港大学资助委员会发布了一份报告，该报告题为《香港高等教育》，由香港教育统筹局委托时任英国爱丁堡大学校长宋达能主持撰写。该报告

① 胡建华，王建华，王全林，等．大学制度改革论[M]．南京：南京师范大学出版社，2006．

在对“院校管治”进行谈论时，主要提出了两种模式，甲模式采用绝对等级制，所有权力完全掌握在上层管理者手中。根据严格的惯例和规定，权力、责任和义务逐级向下分配给下层管理者。与之相对的是乙模式，乙模式在决策过程中采用全民民主协商的方式，所有成员拥有平等的权利。在需要进行投票表决时，每个成员拥有同等的一票。其中，乙模式由于上下层之间界限不明，有研究者将其称为“无等级的协商制”，实际情形是教授治校，管理重心偏向基层。

在早期大学，基层控制是一项突出的特征。在之后大学的发展中，这个特点存在于许多国家的大学中。从垂直维度看，英国大学中最强的权威是处于底部的行会形式的控制。1836年，英国创建了伦敦大学，其校务委员会不能干预各个附属学院的教学活动，因此它只能通过学位考试来对这些学院进行控制。在学生招生、教学计划、财务管理和行政方面，各学院都能够实现独立自主。

基层控制的特征之一就是组织结构扁平化，具体表现在以下几个方面。

1. 博弈地位均等化

大学或学院的不同组成部分之间联结宽松，权力分散到各个学科或教学科研部门，在大学或学院的管理中，来自各学科的教授拥有同等的权力。

2. 结构运作多样化

大学目标或学院目标和基层目标之间经常存在冲突，因为基层目标有多个方向，不同学科或部门往往为了各自的利益进行沟通，导致协调非常困难。因此，需要通过在自愿基础上建立非正式规范来进行结果控制。

3. 结构实体独立化

各学科或部门具有高度自主性和相对独立性，上层组织结构逐渐虚化，往往由基层决策并管理上级。基层控制不仅尊重和推崇学术自由，还能有效地发挥学术人员的积极性和创造性，但其缺点也非常明显，主要是容易出现各行其是、混乱无序的情况，造成资源的浪费。一些国家为了弥补其缺陷正在逐步增强建设上层调节性机构。

（二）上层控制

甲模式，即上述的《香港高等教育》报告中所提到的“甲模式”，是一种典型的上层控制模式，这种模式在美国的大学中比较普遍。该模式涵盖了受欢迎的教授控制、行政控制、院校董事管理等多种形式，类似于英国大学的模式。然而，相较于英国而言，教授的控制力较为有限，相反，院校董事和行政人员的影响力相对来说更为强大。

在美国的大学中，系主任通常是通过协商产生的，学院院长通常由任命产生。然而，上层控制在一些高度集权制的国家中，主要表现为国家对大学的直接控制，在一定程度上，大学行政部门基本上由国家教育行政部门取代。在拿破仑时代，法国帝国大学是一个政校合一的机构，兼具全国最高的教育行政机构和办学实体的双重身份。因此，法国大学院校的行政权力相对较为有限。教育部的官员手中掌握着上层结构的权力，基本上没有院校董事会管理制度，这就导致院校自身的行政力量较弱。即使在那些高度集权的国家，如法国、日本，大学基层特别是教授依然呈现较为独立的状态，享有较大的自主权。例如，法国帝国大学在数十年的存在中，由于管理过于集中和僵化，学校自主权和生命力不足，再加上校内组织结构零散且孤立，这些因素都对学术水平和教育质量产生了负面影响，甚至曾一度影响了法国的大学在全球的声誉。因此，这些集权制国家在进行改革时，一方面向大学放权，另一方面还采取了一些措施，如强化大学自身的行政权力、建立与完善有效的协调机制，从而形成了另外一种形式的集权。

（三）多元协调

就总体趋势而言，大学控制模式改革是从极端向中间靠近。马克斯·韦伯式的“理想类型”就是绝对的基层控制和上层控制，但是在实际中，各个国家对基层控制和上层控制模式进行了改革与探索，并且形成了多元协调、上下结合的复合控制模式，根据管理对象的不同，产生了灵活的、多样的控制方式。

社会系统理论认为，管理者同时也是被管理者，当行政管理者在管理教师行为的时候，教师也在设法影响并管理行政管理者的行为①。事实上，教师在对其传统势力范畴或管理领域进行捍卫的过程中，已开始涉足行政管理者的优势领域。当管理者对其传统的权力范围进行捍卫或进行管理时，他们也开始干涉教师的专业领域。在对原有的传统进行保留的基础上，进行改革与创新，可以获得新的优势。除此之外，从某种程度上，不同种类的高等教育体系之间的相互学习和借鉴，也有助于改革和创新大学内部控制模式。

通常来说，在现实中，高等教育体制有两种主要的模式：一是国家主导型高等教育体系，这种模式容易形成集权式管理；二是社会主导型高等教育体系，这种模式易形成基层民主管理模式。在高等教育的演变过程中，社会主导型和国家主导型两种不同的体系采取了不同的策略，前者强调整合和协调的力度，后者则

---

① 张茂聪，李松玉．现代大学管理制度改革与创新：国际比较的视野[M]．济南：山东教育出版社，2013.

推动下放权力和引入市场机制，最终在不同的路径上达成了相似的目标，保证了高等教育的灵活性与适应性。

三、我国高校运行机制的特点

（一）大学经营化程度的提高

自改革开放以来，我国高等学府所享有的自主权逐步扩大，实体地位日益提升。当前，大学管理者面临一个现实挑战，即在大学规模迅速扩张的同时，政府财政支持逐渐减少，这迫使大学通过自主经营寻求资源，以维持生存和发展。因此，大学管理者需在市场导向下探寻发展路径，以实现大学规模的持续增长。

在这一背景下，市场原则及其管理手段被引入大学管理领域，形成了大学自主办学的具体制度。例如，问责机制要求各个部门详细阐述科研成就、教学质量、办学效益及未来发展能力；融资制度则允许大学在国家公共财政状况不佳或逐步下滑时，通过银行贷款、吸引民间资本及开展教育融资等多种方式筹集资金，增强自主发展能力。大学应根据自身状况制定目标、进行定位，打造独特品牌，突出特色，以吸引学生，保持在教育消费市场、劳动力市场及院校市场中的竞争力，实现可持续发展。

（二）管理重心的逐步下移

在我国大学内部管理中，如何处理权力集中和分散之间的关系是一个需要解决的问题。如果缺乏必要的集权，各个部分多样化分散且异质化程度很高，这些部分很难整合成为一个整体，也就无法形成共同的战略、共同的文化和共同的利益。并且，随着大学变得越发复杂，整合成为越来越具有挑战性的工作。随着系统的发展和日益复杂化，若权力仍由中央机构持续行使，那么这个系统的管理将变得越来越艰巨。我国大学一直采用高度集权的管理体制，在这种模式下，拥有较大权力的是以服务为主的职能部门，它们也成为集权的主要推动力量，同时也往往转化为院（系）的领导者，这导致院（系）的权力被相对削弱。针对这一问题，高校在对相关系进行合并组建成为学院的过程中，大多进行了改革，实行了扁平化的分权管理，这些改革对学校和学院之间的权利和责任进行了重新划分，使得高校的管理重心得以下移。同时，学院被赋予了更大的自主权，涵盖经费使用和学术决策等方面。但同时，学院也被要求承担相应的责任。

在我国高等教育的内部管理体系中，如何平衡权力集中与分散的关系，是一项待解的课题。若缺乏适度的集权，各个部分便会呈现出多样化、分散且高度异质化的态势，这些部分难以整合为一个统一整体，从而无法形成共同的战略、文化及利益。随着大学事务的日益复杂化，整合的必要性及挑战性也随之增大。若权力持续集中于中央机构，该体系的管控必将越发艰巨。

（三）学术人员决策权和影响力的扩大

政府资源通过行政渠道加以分配的模式会导致大学行政人员过度掌权情况的出现。有些大学的行政职能部门不仅扮演着决策者、管理者的角色，也扮演着监督者和评价者的角色，对于实际上应该由学术组织出面做的事情，行政部门依旧拥有最终的决策权。学术组织在整个过程中主要扮演打工者的角色，校、院、系的各类学术组织也效仿行政科层部门，对上负责，层层服从。为了避免行政权力过度扩张、学术权力相对薄弱，并且为了改变学术权力往往被行政权力取代的现状，许多大学采取改革措施，并建立了各种固定的学术组织体系来保证学术权力的健全性。例如，在大学中设立学位委员会、学术委员会、教学工作指导委员会、课程建设委员会、教材建设委员会、专业技术职务评聘委员会等，以提高学者在大学管理、大学决策和资源分配等关键事务中的发言权和影响力，同时建立一定程度的制度和程序以确保学者可以真正行使权力。

概括而言，大学管理制度改革的核心在于在梳理大学内部权力关系的基础上，构建平衡、有序且合理的大学权力体系及运行机制。大学管理制度改革的主要特征具体表现在以下两个方面。

1. 谋求自律与他律的融合

在改革过程中，努力通过构建合作与分工的学术体制和行政体制，协调大学内部学术权力和行政权力的关系，在遵循学术发展逻辑的基础上，满足国家和社会的需求。近期改革中，针对大学作为社会开放系统，与社会边界模糊、松散结合的新现象，积极推进权力体制和组织方式的创新，通过构建分散治理结构，整合学术权力、行政权力及其他各类权力，实现大学发展内部规律与外部规律的统一。

2. 提高组织化程度与推动管理重心下移

为适应大学多元化发展趋势，各国在加强整合协调的同时，积极拓展基层民主，以实现大学上层结构与下层结构的平衡协调。根据管理对象的特点，构建灵活开放的多元协调模式。在追求效率与激发活力的同时，关注大学整体性目标与各子系统目标的实现。既追求目标的一致性，又强调目标的合成性。大力推动科层制官僚模式与委员会制民主模式的融合，通过构建分散治理结构，实现效率与活力、规范性与灵活性的统一。

第二节　建立高等教育行政审计机制

高等教育审计机制是指高等教育行政管理部门的教育审计机构及其构成要素之间相互联系和作用的制约关系及其调节功能，它是一套较为具体的管理制度、程序、规范等，是保证高等教育审计系统高效、灵活运转的一个重要前提。高等教育审计机制存在于高等教育审计活动的全过程之中，并对整个高等教育经济活动起着积极的调节作用。由于高等教育审计是在高等教育经济活动的运行过程中发挥功能的，高等教育审计机制又可称为高等教育审计运行机制。

一、建立高等教育审计组织机构

从新制度经济学的视角审视，制度变革的核心在于高效的组织。在资源稀缺和竞争环境下，制度和组织之间的持续互动成为制度变革的关键。从我国国家行政部门的立场来看，政府对高等教育机构负有经济责任。

高等教育具有准公共物品的特性。一方面，作为稀缺资源，高等教育能为接受者带来个人收益和晋升机会，相较于未接受教育者具有明显优势。另一方面，高等教育的普及有助于整个社会综合素质的提升和劳动生产率的提高，这种效益还具有外溢效应，进一步传递至整个社会。因此，在市场无法完全发挥其作用的情况下，政府公共财政应运而生，以整体社会利益为出发点，为高等教育机构提供财政支持。

沿袭我国的教育行政习惯，政府对高等教育的财政管理方式，一般是由教育部进行高等教育投资预算，再由财政部核实后向高校拨款，同时财政部和教育部还要负责高等教育财政监督工作。但由于上下级之间千丝万缕的联系及利益上的关联，监督效果不佳。1998 年初，教育审计的管理体制和机构设置有了重大调整，国家审计机关不再直接管理教育审计。至今，全国各类公办高校、省级教育行政部门及单列市教育行政部门基本上都设置了审计机构，配备了专职审计人员。审计工作的职责由原来的从属国家审计逐渐演进为归属教育部直接管理。

我们也可以学习西方的公共管理经验与做法，引入高等教育中介组织，即“第三方”。“第三方”监督由于来自没有利益瓜葛的“第三方”，监督效果更佳。基于“第三方”的中立性和公开性，引入“第三方”作为高等教育财政监督主体（如审计署），在行政隶属上独立且平行于教育部和财政部，与教育部和财政部形成三方的权力制衡关系。建立高等教育财政预算制度、高等教育财政拨款制度和高等教育财政监督制度，形成稳定的三角框架，将高等教育财政规范起来，可以使高等教育财政制度更加稳固、高效。

二、完善高等教育审计制度

高等教育审计制度是一个体系，因而应具有系统性和配套性，它的完善是一个与时俱进的过程，不可能一蹴而就。只有加强审计制度的建设，政府才能有效监督高等教育经济活动，将高等教育经济活动中的各种不利于高等教育发展的行为，“止之于始前，绝之于未形”[①]。完善高等教育审计制度应从以下几项制度着手。

（一）比较审计制度

高等教育的收益具有滞后性，其社会收益又难以准确计量，因此，我们很难制定出科学、合理的量化指标体系为高等教育审计工作提供统一的标准。在对高等教育进行审计时可以对不同的高校进行分类，即分成研究型、教学型、研究教学型和教学研究型四类。对不同类型的大学分别进行审计，并在比较的基础上制定出该类大学的审计标准；在同类型的大学之间形成竞争和相互监督的氛围，以便于审计工作的开展。而且，为提高各高校对审计工作的重视程度，可将审计结果作为大学评价指标体系的重要组成部分。

（二）效益审计制度

随着市场经济持续发展和当前高等教育国际化步伐加速，我国政府对高等教育的财政支持力度不断加大。随着时间的推移，高等教育经济效益审计日益凸显其重要性，旨在强化和优化教育资源及经费管理，从而提高教育投资效益。为分析各方面经济效益，可通过对高等教育投入产出效果进行评估。高等教育的投入主要涵盖人力资源、物力资源和财力资源三个方面，要合理评价其经济效益，需从人力资源、物力资源和财力资源效益审计三个方面展开。建立教育经济效益审计制度为推进此项审计工作奠定了基础。

此外，高等教育的审计内容应实现动态拓展。高等教育审计的范畴与内涵，关乎审计监督的重点、审查的对象及评价的依据。具体而言，拓展高等教育审计

① 司金贵．山东省教育财务管理研究：第 2 辑 [M]. 济南：山东大学出版社，2008.

内容体现在两方面：一是顺应社会发展趋势和教育现实需求，对传统审计内容进行适度调整与更新；二是防止固步自封，主动开拓高等教育审计的新领域，使之与高等教育发展步伐保持一致，如构建高等教育经济风险审计机制、高等教育环境审计机制、高等教育国库统一支付审计机制等。

（三）质量控制制度

审计质量的控制同样不容忽视，因此必须以制度来加以保证。

首先，建立定期审计和跟踪审计相结合的制度。过去我国的高等教育审计一直把重点放在定期审计和事后审计上，忽略了事前审计和事中审计。如今我国市场经济逐渐成熟和完善，对审计质量提出了更高的要求，简单地进行定期审计还远远不够，应实行定期审计和跟踪审计相结合的制度。对常规经济活动实行定期审计，对于大型或风险性较高的经济活动实行跟踪审计。尤其是基建项目的审计，是目前高等教育审计的一个重点。

其次，建立财务审计与管理审计相结合的制度。财务审计是为确定财务收支是否合法、合规，以及反映财务收支的会计资料是否真实、准确、完整而进行的审计。管理审计的核心在于评估被审计单位是否能够实现预设的目标，并对其是否最优地运用经济资源进行审查，同时也关注其审计机制是否高效。

近年来，高等教育管理审计的发展得益于多种因素，包括高校规模的扩大、运营复杂性的增加、利益相关者的多样化、管理权限的分层化、内部控制的制度化、信息需求的海量化、信息供求的矛盾化及审计委员会的设立。管理审计不仅关注已发生的活动，还侧重于事前分析和评估影响效果、效率、资源利用的各种因素，旨在助力被审计单位发掘潜在的效益提升空间。作为一种建设性审计，管理审计主要面向未来，与财务审计相结合，有助于政府更好地监督高等教育事业。

最后，严格遵守相关制度。第一，实行审计组长负责制。审计组长应具备相应的资格和能力，其选任由审计机构领导负责。为确保审计工作充分到位，审计前应进行充分调查，充分利用信访及纪检、监察方面的信息，有针对性地确定审计方案的重点和关键点。第二，实施审前综合分析与审后复核分析双重分析制度。在项目审计工作全面展开前，应对被审计单位会计报表的主要项目指标进行全面分析；项目审计基本完成时，需再次进行重要指标和收支项目的综合分析、复检核对，以控制较大偏差。第三，落实重点内容和重要时间必审与详查制度。根据不同时期的情况，确定教育事业单位的重点审计内容，如教育收费、专项经费使用等。把好审计报告质量关，审计报告由审计组长起草，经审计小组讨论定稿，最后由领导审批，并征求被审计单位意见。重大事项需提交审计委员会讨论。

（四）经济责任审计制度

经济责任审计是社会主义初级阶段政治与经济相结合的一种监督方式，通过对领导干部实施审计监督，确保其履行经济责任。这种审计形式的持续发展及旺盛的生命力，源于其符合强化干部管理及推进廉政建设的要求。然而，经济责任审计的内涵与影响已远超审计本身。严谨开展经济责任审计工作，对完善干部管理体制、严肃财经法纪、促进党风廉政建设和经济发展具有举足轻重的作用。尽管经济责任审计制度尚处起步阶段，但其显现出的生命力和震慑力已开始在干部管理监督及对政府与企业领导人的行政行为和经济行为约束方面发挥作用。

三、高等教育审计机制运行过程中应注意的问题

新制度经济学的一个基本观点是，通过制度来降低社会不确定性和减少成本。高效的制度有助于组织在长期社会变革中得以存续，并促使组织不断进行自我创新与拓展以适应不断变化的社会环境。因此，在实施高等教育审计制度的过程中，以下几个问题应予以明确。

第一，制度的效率性是相对而言的，它没有一个具体的、可计量的指标，因此，制度的建立也就成为社会科学研究的难点，尤其是监督制度。监督离不开信息，有效的监督要先有效地收集和辨别监督所需要的信息，然后制定监督准则，选择行之有效的监督方法，最后形成对高校中肯的评价。目前，要想建立有效的高等教育审计制度，就应与我国社会变革和发展的大环境联系起来，协调政府与高校的关系，增加信息的透明度和可靠性。坚持整体优化是由于地区之间及人们对教育重要性的认识存在差异，各地区、各单位的教育环境不尽相同。从地区来说，沿海一带的教育环境明显好于中西部地区，从一个区域或单位来说，领导重视教育的，其教育环境明显好于不重视的。因此，政府在制定制度时要考虑到地区的差异，不可“一刀切”，要注意针对性和普适性的结合。

第二，提供创新机制。建立高等教育审计制度要允许高校在财务管理上进行试验和改革，允许高校在法律许可的范围内对高校财务进行自主分配和使用，鼓励高校利用先进的技术、手段或方法进行财务管理改革，鼓励高校开展新的财务管理尝试和探索。监督并不等于控制，审计只是一种审查财务运行状况的手段。审计监督制度的设计也要具有灵活性，基层的监督审计部门要有一定的自我发挥空间，结合本地区、本校的实际情况，制定实际的、可操作性强的审计监督机制。

在建立审计监督制度的过程中，也要考虑审计监督部门对外部教育制度、经济制度和政治制度的适应能力，使审计监督部门的活动能够长久有效地保持下去。同时，要遵循如下四条原则：一是借鉴国际先进机构的经验与适应国情及实际情况相结合；二是理论与实际相结合；三是以国家法律法规为基准，完善和细化具体的执行规范；四是坚持逐步完善、不断完善，向系列化、配套性方向发展。

第三，防范财务运行错误，保护高校财务运行的自主权。为了进一步加强高校财务管理和会计核算、提高财务和审计人员的业务水平，可以把近年来高校经济活动中发现的问题，以案例的形式选编成册，供高校主管财经工作的领导、财务处长、审计处长及广大财务、审计工作者阅读。目的是引起大家对这些问题的高度重视，从而使其不断强化法治观念，切实做好财务管理工作，自觉完善内部监督机制，尽可能避免类似问题的发生，更好地保证高等教育事业健康发展。高等教育审计制度的建立不但要注重结果审计，而且要加强预算审计和财务运行过程审计，在事前和事中就发现问题，避免造成更大的资金浪费。同时，还要完善经济责任审计制度，一方面保护高校财务运行的自主权，另一方面要约束财务部门领导的行为。此外，还要增加对资金配置效率的审计，拓展效益审计的领域，在不干涉学校财务运行的前提下，保证高校财务健康发展。

第四，坚持科学的发展观，加强高等教育审计管理。坚持科学的发展观，一是要将以人为本作为构建高等教育审计制度的原则；二是高等教育审计制度的研究和创建必须与高等教育审计的环境相协调；三是为了顺应时代的发展，必须构建新的高等教育审计制度；四是为了实现教育事业的全面、协调、可持续发展，高等教育审计管理必须满足高等教育改革与发展的客观要求。在行政管理方面，教育部要强化审计管理的职能，要提高机构设置的层次，要明确管理对象和内容，不但要抓好对教育部直属高校的审计管理，而且要加强对各地方教育行政部门的审计管理。同时，各高校和其他教育企事业单位要把审计管理列入领导班子的议事日程。管理的内容至少应包括目标管理、质量管理和信息数据管理等。

第五，探索多种形式的高等教育审计领导体制，对于高等教育审计工作要加强领导。对于审计来说，其是一种高层次的经济监督活动，高等教育行政部门和规模较大的高等教育学校可设立审计委员会，实行集体领导与总审计师负责相结合的制度。实行主要负责人直接领导，应符合独立性和权威性的要求。正在不断拓展中的审计项目管理，要贯彻与时俱进的方针，探索和创建科学的领导体制。要建立行政监督与纪律、职业道德约束机制。

第六，社会中介机构的活跃程度被视为衡量学校与社会、市场与政府间桥梁稳定性的指标。在健全的社会体系中，中介机构发挥着举足轻重的作用。在更为自由和民主的社会背景下，非正式组织应运而生，它们具备自治和规范的特性，逐渐成为公众参与社会治理、化解各方矛盾、表达利益集体诉求的理想途径。研究发现，在现代社会中，越来越多的产权界定由这些自治的中介机构负责。

在政府主导的领域中，仍有许多职责本应由中介机构承担。这是一个长期存在且尚未解决的问题，也是资源分配领域需要进一步探讨和解决的问题。矛盾的根源在于对政府权力的制约来源于何处，以及在一定的制约条件下，社会公共事业的监管是由政府单独负责还是由政府、市场、中介机构等共同参与更为适宜。

随着制度创新的深入推进，能够限制政府权力并发挥润滑作用的中介机构将在不久的将来大量涌现。

第三节　建立高等教育行政激励机制

激励机制是一种旨在实现特定目标的管理系统，其通过规章制度和奖惩措施对激励对象的行为进行引导、规范和制约。在这一系统中，激励主体运用多种激励手段并使其规范化和相对固定化，与激励客体形成相互作用和相互制约的结构、关系、方法和演变规律。

在我国的高等教育行政体制改革中，政府作为激励主体，应高度重视激励机制的建立和完善，充分发挥其作用，以实现高等教育结构不合理问题的解决。针对高等教育中介组织、民办高校发展滞后，高校结构趋同，高等教育效益不高，以及高等教育经费增加而效率低下等问题，政府应全面推动高等教育的发展。

一、政府激励机制内涵

过去的政府激励措施主要集中在单位对内部员工的激励，而对社会事业的激励则相对不足。事实上，政府通过提供外部奖励，可以发挥重要作用，激发社会各阶层、单位和个人的积极性，引导其在符合整体社会发展方向的前提下，实现自身价值追求，同时纠正不良行为，激发行为动机，推动社会向更加繁荣的方向发展。

政府激励的作用取决于政府与社会的关系及政府的属性。按照马克思主义的观点，政府是社会的产物，具有阶级属性，有责任负责管理社会，权力行使应受到社会制约，政府将在国家消亡后实现自我管理。这表明政府与社会存在积极的、良性的互动关系。在政府未消亡之前，它对于促进社会良性发展负有重要责任。为了履行这一使命，政府需要采取切实、有效的激励措施，鼓励人们积极投身于社会事业的发展，推动社会进步。政府只有充分认识到人们在社会发展中的作用，才能有效提高社会管理的水平，实现社会的可持续发展。

为了提高人们的工作热情和积极性，政府需要实施一系列有效的激励措施，使政府在社会主义现代化建设中的激励作用和地位得到强化。政府激励机制的优劣直接关系到激励效果的好坏，二者成正比。政府激励机制主要包括：为实现目标，政府制定相应的行为规范和分配制度；采取适当的激励手段，促进人力资源的优化配置；保持利益激励客体与激励主体的一致性，推动社会的发展。

政府在高等教育行政体制深化改革过程中，如何具体运用激励机制，采取何种激励手段，以及营造何种激励环境，都将直接影响改革的效果。

二、政府激励的原则

（一）利益原则

利益在人类活动中具有至关重要的激励作用，它能满足人的需求，推动人的行动，并提高人们参与活动的自觉性、积极性和主动性。这一原则在高等教育行政活动中同样适用。在实施激励机制的过程中，政府需明确，利益在高等教育经济活动和结构调整中均具有核心地位。因此，政府应积极应对，采取相应措施保障高校利益，同时提高政府资金使用效率，从而增强高校及社会对高等教育发展的信心，激发各方对事业发展的高度自觉性和积极性。为实现对高等教育的有效激励，政府需赋予高校更多的自主权。

（二）分类激励原则

依据高校办学模式及市场化水平的差异，实行分类激励原则，即针对不同情况采取相应激励策略。各类高校在市场观念、资金、管理、技术、教学、科研、资源利用等方面存在差异，因此，各高校管理运行的市场化程度存在显著差距。民办高校专注于专业性教学与科研，根据市场需求培养具备卓越技术能力的学生，研究专项课题，与企业联合办学，其教学科研市场化程度较高。教育部直属高校从事综合性教学与基础性研究，研究成果多应用于公共领域，高校运营市场化程度较低。省部共建高校在科研与教学方面均以市场需求为导向，同时关注政府需求，但高校运营市场化程度不高。

因此，在制定高等教育发展激励政策时，政府应因地制宜，根据不同类型高校的实际科研水平与教学状况，设定相应的激励目标：部分高校需重点激励实现全面现代化管理；部分高校需重点激励自我发展，积极参与市场竞争；部分高校需重点激励加强学科建设，提升科研能力，以便更好地转型为综合性高校。遵循分类激励原则，政府应针对不同类型高校的实际需求制订相应激励计划，激发各层次高校的积极性与主动性，促进高等教育管理体制迅速调整。

（三）市场性激励与非市场性激励相结合的原则

市场性激励主要通过拨款、科研竞标等方式来激励高校的教学和科研，高校可以根据市场需求对学科和招生数量进行调整，从而促进高等教育事业的良性发展。然而，我国市场化发展程度偏低，这种激励可能导致高校的盲目追求和盲目发展，引发一系列问题，如高等教育与地方经济发展不协调、高校办学缺乏特色、高等教育资源难以实现最优配置等。

因此，非市场性激励在高等教育行政体制深化改革中具有重要地位和作用。政府应采用行政手段、法律手段等非市场性激励方式来引导和鼓励高等教育事业的发展，以实现对高等教育行政体制的调整，促进高等教育的可持续发展，避免高校追求短期利益的行为出现。

综上所述，非市场性激励在高等教育行政体制深化改革中具有不可替代的地位和作用，应予以重视。

三、政府在高校行政体制改革中的具体激励机制

政府的激励机制在高等教育行政体制改革中有着至关重要的作用。为了实现有序的管理和有效的管理，政府需要遵循人性化的理念，构建合理的制度，实现对激励客体的行为进行规范的目的，并激发其积极性。这种激励机制需要平衡管理的人性化和制度化，从而实现管理与效能的统一。具体而言，政府的激励机制应该是由一系列激励机制组成的一个有系统、成体系的有机整体，综合发挥激励作用。

（一）经济激励机制

我国在高等教育事业发展过程中，曾一度过分注重精神激励，而对财政需求和经济支持方面关注不足。这种状况可能导致高等教育事业缺乏持续发展的活力与积极性。当前，我国的激励策略应当做出调整，重点提升政府为高等教育事业

提供服务的水平与质量。我们可以根据高校的教学质量和科研能力，将其划分为不同层次，并给予相应财政支持；为高等教育事业的融资创造机会，鼓励更多私人企业参与其中；积极发展民办高等教育，尤其是与国外知名大学的联合办学，或者在我国设立国外知名大学的分校，使其在谋求自身利益的同时，也为社会创造更大价值。

为实现政府对高等教育行政体制改革的经济激励机制，以下问题亟待解决。

1. 建立高校经费竞争激励机制

政府在高等教育领域主要承担提供教育经费的角色，这些经费主要用于支持高校的建设和自我发展，具有专属性质，不允许挪作他用。此举措旨在弥补市场在高等教育领域的失灵现象，以维护这一准公共物品的发展。然而，政府在高等教育经费拨款方面的传统做法缺乏灵活性。尽管这种方式在一定程度上弥补了市场失灵，但未能充分激发高校间的竞争。政府对高等教育的拨款方式并未推动高等教育事业的快速发展，原因之一是政府未建立合理且科学的激励机制。

在市场经济体制下，政府可以运用经济手段对高等教育提供支持。为了让高校的需求得到满足，政府需要使高等教育经费的获取趋于市场化，并在拨款过程中引入市场竞争机制以实现优化配置。这不仅有助于降低政府执政成本，还能满足高校的资金需求，进而更好地激发高校的积极性。

2. 建立高校分层拨款模式

在高等教育拨款中，政府是主体，其分配制度的公正直接影响着高校经费的公平分配，这也会对高等教育工作人员的工作积极性带来一定影响。因此，政府应对各高校的教育经费进行合理分配和管理，根据高校的实际情况进行分类管理，对高水平大学应加大拨款力度，对科研和教学水平欠佳的高校，应运用经济手段鼓励其改善教学水平和科研水平，以调动高校办学的积极性。

（二）管理激励机制

高等教育作为一种准公共物品，政府有责任对其行使管理权，这是不容置疑的。政府对高校应进行“放权”“还权”，给予其更多自主管理权。通过适当的方式，政府给高校“放权”，这不仅有助于优化政府决策，同时也有利于提高政府工作效率，此外，还将激发高校参与制定国家教育发展战略的兴趣并提高其工作的积极性。当前，建立政府对高等教育行政管理体制改革的管理激励机制急需解决如下问题。

1. 加强高等教育中介组织的建设

加强高等教育中介组织建设的重要性不容忽视，其目的在于实现政府部分权力的有序转移。在高等教育管理权的处理上，政府应将其归还给高校，使高校实现自我管理，或将其让渡给中介组织，以便中介组织为高校发展建言献策，进而激发高校自我激励机制的生成。作为非营利组织，中介组织具备独立性、社会性等特质。

尽管我国已建立高等教育行政管理体制，但尚存在诸多不足，如高等教育法规不健全、高等教育监督体系不完善等。这些问题不利于高等教育行政机制的有效运行，也无法产生理想成果。因此，借助高等教育中介组织进行管理具有重要意义：一方面，可对政府进行合理定位；另一方面，有助于高校实现自主管理，激发其积极性。

2. 加强政府教育信息平台管理模式的建设

教育与经济之间的关联随着市场经济的高速发展而日益紧密。为了顺应社会经济发展的潮流，满足社会需求，高等教育机构需适时调整自身结构，优化教学内容与方法。高校应摒弃封闭式办学，秉持开放办学的理念。唯有如此，高校才能在拥有丰富资料、海量准确信息的基础上，做出正确且科学的决策。然而，仅凭个别高校之力，难以完成如此庞大的资料搜集和整理工作。

因此，教育信息平台可为高校提供咨询与信息服务，高等教育行政管理部门应尽可能及时地充分利用这些平台。在教育改革步伐不断加快的背景下，政府有责任在过程中总结各地改革的经验与教训，并向高校反馈相关信息。政府教育管理部门肩负着及时将这些信息传达给高校的重任，为其改革提供借鉴与参考。在这一方面，政府具备独特的优势和实力。

（三）目标激励机制

目标激励的重点在于通过设定合理的目标来激励被管理者。我国政府在促进和激励高等教育事业发展方面，可以采取目标导向的激励方法。政府利用目标激励措施来对高校办学进行引导，为了提高高校办学的积极性和主动性，可以通过设定目标来实现，促使高校的办学目标与国家高等教育目标紧密相连、保持一致。国家的高等教育目标如下：发展建设高水平的大学，提高国民素质，提升我国的综合国力；争取用几年时间使我国高等教育事业的发展水平上一个台阶，力争建设一批国际知名的学府。在这一目标的指引下，高校结合自身的特点各自努力，既为自身的发展而奋斗，又为高等教育发展的目标和政府制定的目标而努力奋斗。

运用目标激励机制有利于充分调动高校的积极性和主动性，促进高校的发展。

构建政府对高等教育行政管理体制改革的目标激励机制需要注意的问题包括两个方面。第一，目标的确定要与社会对高等教育的需要相联系。不断调整高校学科结构使之与市场经济结构相适应，满足高校发展和社会经济发展的需要，使高校的毕业生能够尽快适应社会工作，这也成为激发高校办学积极性的关键因素。由于社会对人才的需求呈现出多重层次和多方面的特点，在对目标进行设置的时候，政府应当将政治、经济、文化的发展与高校的需要相结合，在满足政治、经济、文化发展的同时，也促进高校自身的发展，实现国家与高校的进步。第二，高等教育目标的制定要分阶段、分层次。政府在制定高等教育目标时，要结合不同时期的基本情况，分阶段制定高等教育目标，要根据不同高校的层次制定不同的发展目标。目标的高低要结合高校的实际情况，突出高校自身的个性。

（四）环境激励机制

只有在一定的环境中才能保证政府激励机制的实施，而高校也是在政治、经济、文化和国际高等教育领域的特定背景下运作与生存发展的。环境激励会影响高校的办学积极性，同时还会制约政府实施激励机制。对于其他激励机制的运行来说，政府环境激励机制为其他激励机制提供了平台，鉴于此，政府应该建立科学的、良好的环境激励机制。

通常情况下，我们把环境分为两种：一是外部环境，主要指的是高等教育以外的环境，具体而言包含着政治环境、经济环境、人文环境等方面；二是内部环境，主要指的是高等教育内部的环境。为了提高高校的办学积极性，政府需要掌握国内的实际情况，也应该及时掌握国际的高等教育动态，并且还应该为高校营造一个良好的、健康的内部环境，帮助国内高校更好地发展。高校的积极性也会受到外部环境的影响，因此外部环境是一个重要的激励因素。因此，政府应该为高校提供一个稳定的政治环境、不断发展的经济环境及健康向上的人文环境，这是高等教育事业顺利发展的根本条件。只有政局稳定，人们才有机会发展高等教育；只有经济稳定，高等教育事业才有发展的动力；只有文化繁荣，高等教育事业的发展才能实现多样化。作为国家权力的代表，政府必须保证政治、经济、人文环境的稳定，以此来激发高校办学的积极性。

此外，政府应该在建设良好的社会环境外构建一个良好的自然环境。高校的自然环境也是陶冶学生情操，繁荣校园文化不可或缺的因素。总之，政府不仅要对社会环境的建设予以重视，也应该重视自然环境的建设，只有这样才能为高等教育事业的发展营造良好的环境氛围——政治开明、完善的市场经济体制、高尚健康的人文精神。这种做法不仅可以提高高校的教学质量，激励高校办学，而且与社会历史和高等教育发展规律相吻合。

（五）法律激励机制

法律具有规范和约束人类行为的功能，其主要作用在于倡导正当行为、矫正不当行为，从而使人们产生认同的意识。此外，法律还能促进公平感的形成，辅助人们确立目标，以及减轻特定行为或增强相反行为等。在政府激励机制中，法律的激励作用至关重要，可通过激励手段推动行为的规范化。在高等教育领域，法律以强制性规则或规范为手段，实现非强制性的法律激励，进而促进高等教育与社会的和谐发展。换言之，通过明确禁止高校从事某些行为，从而“非强制地”鼓励高校从事其他行为，实现高校利益与社会利益的一致性。在高等教育市场存在信息不对称的情况下，法律作为一种激励机制，不仅激励高校采取特定行为或避免采取不当行为，而且促使高校在信息不对称的情况下，避免“侥幸”地从事或不从事某些行为。

在构建政府法律激励机制的过程中，务必关注的关键问题是，根据市场经济的需求，构建与之相适应的高等教育法律法规。市场经济本质上是法治经济，因此，对于不完善、不规范的高等教育法律体系，应当予以修订和完善，以调节高等教育的行政管理行为。我们应构建一个公平高效的法律激励机制，确保违法行为受到应有的法律制裁，同时保护和促进合法的高等教育实践活动。

（六）激励反馈机制

仅当具备高效反馈机制时，政府激励措施方可被视为一个完善的政府激励体系。激励反馈机制犹如政府监督激励政策实施的“调控器”，能实时掌握激励机制的运行状况，评估激励措施的成效，检验其合理性。据此，政府可决定是否延续现有激励政策，或对现行机制展开适时调整与重构。构建政府对高等教育行政体制改革的激励反馈机制，应注意以下几点。

1．政府激励效果的检验

政府需要对激励的实际效果有一个基本的了解，以此为基础重新构建政府激励机制。通常来说，政府会通过开展民意调查来检验激励效果，检验在接受政府激励前后，高校积极性的变化情况。一般而言，政府在采取某种激励措施后会进行民意调查，其调查对象涵盖高校领导、教师、学生及社会群体，以了解他们对于相应政策措施的满意度和支持程度。如果他们认同政府采取的政策和方式，对政府的满意度会提高，就会有较高的支持率，他们会更积极地响应政府的激励措施，政府的激励效果就会更好；反之，就会出现不佳的政府激励效果。

2. 政府激励效果的信息反馈

政府应该在激励实施效果的基础上对激励手段与方式进行调整。政府激励高校的手段应该是灵活多变的，要及时根据高校的需求和激励效果做出调整，换句话说，需要因地制宜地采用激励措施与手段。除此之外，在我国，政府不仅使用以上的激励手段，还需综合运用其他激励手段，只有这样，才能更好地调动高校的积极性。信息交流平台是高校及时获知政府实施的激励手段的关键途径。封闭、落后的信息交流通道只能减弱高校与政府之间的联系，从而削弱高校办学的积极性。因此，交流平台的先进性问题尤为重要。

第四节　建立高等教育行政协调机制

一、高等教育行政协调的必要性分析

市场体制与高等教育之间的冲突引发了一系列问题，使得高等教育行政协调极为必要。这些冲突表现为，高等教育与市场、高等教育与社会及高等教育行政部门之间的权责冲突和利益冲突。

（一）高等教育市场的信息不对称

传统经济理论认为，市场中的每个经济行为者都知晓市场上全部相关商品的价格行情①。在这种情况下，所有的决策都是在完全确定的情况下做出的最佳决策，不会出现任何错误和风险投资问题。很明显，这只是一种理想的假设。因为现实经济信息的不透明，以及某些参与经济活动的人有意隐瞒真相，具备完全信息的市场在现实中是不存在的。因此，各个市场都有不同程度的信息不对称。

高等教育市场也存在信息不对称，主要体现在以下几个方面。

1. 高等教育招生市场的信息不对称

每年高考过后，会有一些高分考试落榜的现象，究其原因，不外乎错估了形势、掌握的信息量不足。每所院校的分数线都不是固定的，而是根据高考试题的

① 余世英. 电子商务经济学[M]. 武汉：武汉大学出版社，2011.

难度、考生的水平、报考人数等多种因素综合确定的，所以仅凭上年度的招生情况来确定自己的报考志愿，具有很大的风险，加之考生不太清楚哪所高校的专业设置、培养方向更能使自己扬长避短，致使每年高考招生过程中都会出现“高分落榜”现象。与此相反，有的考生因为所报考的院校提高了收费的幅度，致使录取分数骤跌，而侥幸考取了本不可能考上的学校。其实，这种现象出现的原因在于高考招生过程中双方的信息不对称。考生不知道有多少人会做出与自己相同的选择，也不知道其他考生的考试成绩信息或者高校录取分数等信息。因此，考生不能做出理性决策，只能根据自己的猜测来做出决定并冒险行动。

2. 高等教育内容和质量的信息不对称

大学生步入校园后，用学费购买教师的教育劳动。然而，大学生并不了解每位任课教师的教育内容和劳动质量。尽管我国大学普遍实行了学分制和选修制，但由于大学里缺乏课程设置与选课方面的指导，学生的选择往往是盲目的。面对着陌生的课程名单、授课教师名单及必修和选修学分的要求，学生机械地加以选择，直到开始听课以后才发现，教师的劳动内容和劳动质量并不是自己所需要的。即便是主观上可以放弃对某门课程的学习，但出于修学分的考虑，学生还是强迫自己听下去，其结果使得大学课堂的教育活动不是一种愉快的学习和生活经历，而成了一种煎熬。

3. 高等教育就业市场的信息不对称

假定学校、学生、用人单位都是理性的经济行为人，并且能够获得充足而完备的市场信息，也就是各行为人获取信息的渠道畅通而高效，那么高等教育运行机制完全可以由市场这只“看不见的手”来操纵，最终达到市场的供求平衡，实现高等教育资源的优化配置。然而，现实社会生活中存在着大量的非对称信息。政府无法直接了解实施现场的第一手资料，因此在获取充分、有效、真实的信息方面存在不足，尤其对于发展性变化的信息掌握更是不足。高校作为办学行为的实施主体，处于服从和执行政策者的地位，其在掌握着大量有关培养人才的实践和所培养人才的特质方面信息的同时，却缺乏就业市场发展变化的最新信息；对于高校的产品——学生而言，虽然了解自己但很难寻找一条毕业后适合自己的发展道路；用人单位可能更加渴望有更多的人才适合自己的发展需要、能够创造更多的价值，但对于前来求职的毕业生究竟是什么样的人、其兴趣爱好如何及专业水准高低，却难以在短时间内摸清，导致其在人才使用上存在短期行为，最终浪费了大量的高等教育资源。

另外，高等教育市场的信息不对称还引发了一系列教育公平问题。在市场中，由于非对称信息的存在，必然会出现信息处于优势和劣势的双方。一般来说，人们将拥有信息优势的一方称为代理方，将没有信息优势的一方称为委托方。换句话说，那些知情者被称为代理人，而那些不知情者则被称为委托人。显然，知情者的行为会对不知情者的利益造成影响。当委托人授权某个代理人行使一定的权限时，如赋予代理人使用某种资源的权利，就会形成一种代理关系。在通常情况下，代理人与委托人的利益是不一致的，鉴于此，为了对代理人进行一定的控制，委托人可以借助某些手段或者方法。由于委托人和代理人之间存在信息不对称，委托人无法及时、全面地获取相关信息并了解代理人的行为能力和偏好，而且，因为委托人不在实施现场，所以双方可能会面临“道德风险”问题。

在高等教育运行机制中，政府与高校之间、个人与高校之间及用人单位与个人之间其实都存在着委托—代理关系，因而也面临着“道德风险”问题，即信息不对称引起的高校管理人员、教师及学生之间的道德风险。当这种“道德风险”成为事实后，教育的不公平现实也会凸显出来。具体表现为政府投资高等教育但收益不明显、个人付费后却未能获得预期回报、高校付出劳动但未能收到应有的教育效益、用人单位接收的工作人员不理想等。

由以上高等教育市场的信息不对称现象可以看出，市场、社会与高等教育之间存在着一定的矛盾，这就需要由另外一方进行调和，政府就应该扮演这种角色。

（二）高校管理系统的失灵

在正在进行的改革中，我们可以看到，在对高等教育进行协调管理的时候，政府主要围绕纠正市场失灵来进行，这使政府忽视了高校管理系统失灵的问题。在某些情况下，和市场配置、政府干预相似，高等教育资源的有效配置可能受到高校管理制度、组织结构等方面缺陷的影响，也可能会受到外界环境的限制，这可能导致高校管理效率不高，从而也成为高校管理系统失灵的主要原因之一。导致这种局面的原因涉及多个方面：首先，政府在纠正市场失灵方面的决策不管是在制定过程中，还是在实施过程中，都缺乏科学和民主的因素，同时监管机制也不完善；其次，高校管理系统在某些方面的效能不高，如在竞争方面，这就导致很难使高校在技术的不断进步中获得好处；最后，高校由多个行政主管部门共同管理，但它们之间缺乏协调与沟通。

高校管理受到的主要影响来自学校行政力量、校内市场力量及校内学术力量。高校管理系统失灵根据这些力量的不同，可以划分为以下几个方面。

1. 学校行政失灵

我国传统高校，尤其是公立高校，通常采用“科层制”组织模式。因为存在组织及制度方面的不足，所以学校行政很难有效进行高效管理，非常容易出现行政权力泛化、行政政策失灵等问题。学校行政的不力反映了政府失灵在校园管理方面的延续。

2. 校内市场失灵

如果高校采用市场模式来配置教育资源，高校内部就会形成一个学校内部市场，这个市场会与高等教育中的人员、资金、设备等资源相对应。在一定情况下，校内市场与市场失灵一样，存在着内部市场机制的缺陷。同时，在外部因素的影响下，高校内部市场很难对高校教育资源进行有效的配置，这就出现了高校内部市场的失灵，出现了人才流动受阻、不公平的资源分配及后勤效率不高等问题。在校内出现的市场失灵是市场失灵在高校中的一种延伸。

3. 校内学术失灵

在高校里，学术力量是其最核心的力量，因为在本质上，高校是学术机构。为了让学术力量得以正常发挥作用，需要遵循学术民主、学术自由、学术责任、学术规范等条件和限制，这些条件和限制与行政力量和市场力量的运作也有类似之处。学术力量一旦超过了这个边界，就很难正常发挥作用，进而导致学术权力弱化、滥用、错位问题，出现学术僵化及学术腐败等现象。

二、政府进行高等教育行政协调的优势

国家体制的存在在一定程度上弥补了市场机制带来的弊端。这种优势主要体现在：国家提供法律和秩序，确定市场运行的规则和运行主体的社会关系，保障市场交易活动的开放与透明，实现公平竞争、公开竞争，对市场中出现的垄断行为及时加以反对和制止；国家通过财政、金融及其他手段调控社会经济活动，提供和维持市场得以正常运作的稳定的经济环境；国家为了促进社会各项事业的发展，会提供一些诸如建设基础设施等基本的服务，政府为了弥补市场信息不对称的缺陷，将有关的信息通过垂直渠道提供给社会各事业单位；国家保证社会公平原则贯穿社会各项活动的全过程，建立和维持社会保障体系，对市场活动中的弱势群体提供保护。对于在市场机制下高等教育发展中产生的冲突，国家有义务也有能力进行调节。

三、建立高等教育行政协调机制应注意的问题

（一）树立高等教育行政协调的观念

尽管在高等教育行政管理方面已经有所改善，但是在管理的观念上，传统体制中政府全面管理所带来的负面影响依旧存在。普遍来说，人们对于政府职能的期望值较高，并且其他社会机构对政府也有着相当高程度的依赖。鉴于此，为了使高等教育行政协调机制得以建立和不断完善，首先应该转变旧观念，摒弃过时的思维方式，树立起主动配合的新观念，树立服务全局的新观念，摒弃狭隘的部门利益思想；其次，需要建立现代化的管理理念，包括明确的分工制和层级制，以克服过度强调领导意志和官僚主义的陈旧观念。政府各层级进行任务分工制和层级制是必要的，有利于不同层次的政府对不同层次的事务进行处理。相关部门按照分工制的原则，对某方面的事务进行处理，并不会涉及“谁高谁低”“谁管谁”的问题。

（二）把握对高校协调管理的“度”

高等教育行政管理部门在协调高等教育时，应该积极进取，但也要谨记不得越权或独揽权力。首先，在权力下放的过程中，不能忽视高等教育行政管理的职责与义务，即使高等教育行政管理工作属于交叉性较高的部门，也不能推卸责任。相关部门应该充分认识到行政协调的必要性和作用，积极展开工作，使得行政协调的优势得到充分发挥。其次，在协调高校行政管理的时候，应采用“还权”原则，让高校明确自身角色定位，政府应坚持不过度干预，增加高校自治权，尊重高校自身发展规律。在任免领导、确定规模等方面，应充分考虑高校的内部状况，注重在政策上的引导作用，着重协商解决矛盾。

（三）进行有效的管理信息沟通和反馈

管理信息沟通是指将思想观点、情感等，借助一定的媒介与通道，实现高等教育行政管理系统与外界环境之间的交流，实现系统内部各部门、各层级、人员之间的交流，通过交流情报信息，实现相互了解与相互支持和合作，从而实现管理系统有序运转的一种管理行为或管理过程。之所以进行沟通，是因为要对思想进行统一，只有具备统一的思想才能具备统一的行动。在协调中，沟通是重要的方法与前提，协调是沟通的一种结果。沟通是通过互相交流达成共同理解的过程，而协调则是为了确保大家在行动上达成一致。有效的沟通与协调，可以实现思想

的统一，能够提高管理团队的凝聚力和一致性，增强管理工作人员的集体意识，从而促进服务质量和工作效率的提高。

管理信息反馈是指对于外界的输入情况，管理系统对其进行转换分析，并且利用制定的政策来对外部环境进行反作用，之后再依据外部环境所产生的变化，对自身的行为与相关的政策进行调整与改变，以提高管理水平和管理质量的过程。在对高等教育行政系统与外部环境的关系进行调节的过程中，管理信息反馈是重要的一环，起着重要的作用，如果反馈的信息不及时、不通畅，那么管理系统就会出现僵化甚至解体。因此，高等教育行政管理部门应当更加努力地提高和改进高等教育动态信息的提交工作，确保提交真实、准确、及时的信息，从而使信息传递的数量和质量得到保障。

（四）综合运用高等教育行政协调的方式

在对高等教育行政协调方式进行分类时，可将其归纳为三类，即强制性、引导性和参与性。

第一，强制性行政协调方式。该方式主要针对市场机制失灵和高校系统失灵的状况，政府应采取一定力度和刚性的行政协调，通过强有力的政策指令和强制性的法律措施，确保高等教育行政管理系统中各教育主体目标整合，形成稳定的网络机制，推动高校发展。

第二，引导性行政协调方式。若政府过度扩大强制性行政协调方式的适用范围，可能导致权力滥用和决策失误。在这种情况下，政府应采取引导性行政协调方式，如制定并实施高等教育财政激励政策、提供高等教育信息、制定并实施产学研一体化政策、制定并实施高等教育人才资源整体开发政策等。

第三，参与性行政协调方式。这种方式要求建立公众参与高等教育的机制，与社会需求相适应，有助于管理决策民主化，并确保高等教育行政决策意向与分散的社会利益保持一致。普通民众和高等教育行政管理部门是参与的主体，参与机制的调整范围包括行政外部行为（如政府决策、政策、行政处理决定等）及民众的需求和意愿等。

当前，我国主要的参与方式包括政府召开各类专题调查会、听证会、论证会，以及开通电话热线、网上征求意见等。为实现高等教育行政管理与社会需求的统一，确保高等教育行政决策意向与分散的社会利益的一致性，我们可以采取多种途径和方式，吸引公民和各类社会组织直接或间接地参与管理行为。

参 考 文 献

[1] 安应民，吴菁 . 人力资源管理学 [M]. 北京：中共中央党校出版社，1998.
[2] 刘诚芳 . 现代高校教师人力资源管理 [M]. 北京：民族出版社，2007.
[3] 安鸿章 . 企业人力资源管理师（二级）[M]. 北京：中国劳动社会保障出版社，2007.
[4] 胡卓君 . 地方高校内部管理创新 [M]. 杭州：浙江大学出版社，2006.
[5] 王丹 . 高校人力资源管理发展与服务创新研究 [M]. 西安：西北工业大学出版社，2021.
[6] 高升 . 高校人力资源管理及其创新机制研究 [M]. 哈尔滨：哈尔滨工业大学出版社，2018.
[7] 李媛 . 新时期高校人力资源管理改革的理论研究 [M]. 哈尔滨：东北林业大学出版社，2017.
[8] 陈阳 . 高校行政管理体制改革中的热点研究 [M]. 北京：中国商务出版社，2010.
[9] 王佳 . 高校行政管理的转型与创新 [M]. 北京：九州出版社，2017.
[10] 叶向峰，黄杰，张玲，等 . 员工考核与薪酬管理 [M]. 北京：企业管理出版社，1999.
[11] 张峰硕 . 激励机制在高校人力资源管理中的运用研究 [J]. 中国管理信息化，2022（20）：167–169.
[12] 巴音才茨克 . 高校人力资源结构优化策略分析 [J]. 营销界，2022（15）：56–58.
[13] 何海燕 . 高校后勤人力资源工作挑战和创新研究 [J]. 商讯，2022（27）：167–170.
[14] 吴佳珍 . 浅析我国高校行政管理体制的改革与创新 [J]. 公关世界，2022（12）：69–70.
[15] 王启东 . 高校行政管理工作改革探索研究 [J]. 烟台职业学院学报，2022，17（1）：57–60.

[16] 樊文婧．我国高校人力资源管理效能提升研究[J]. 中国管理信息化，2022，25（14）：143-145.
[17] 于杰．浅析“互联网+”背景下高校行政管理的改革创新[J]. 改革与开放，2021（20）：68-72.
[18] 郭莎莎．高校人力资源管理的现实困境与对策研究[J]. 经济师，2022（7）：259-260.
[19] 卢志婷．大数据在高校人力资源管理中的应用[J]. 中国集体经济,2022(35)：98-100.
[20] 张诗淇．高校行政管理如何提质[J]. 人力资源，2022（18）：138-140.
[21] 刘一鸣．中国高校行政管理体制优化探析[D]. 长春：吉林大学，2013.
[22] 籍二瑞．江西民办高校人力资源管理研究[D]. 南昌：南昌大学，2018.
[23] 杨鸿玲．“双一流”建设背景下西藏高校行政管理改革与创新研究[D]. 拉萨：西藏大学，2022.
[24] 饶鹏．地方高校行政管理改革与优化路径研究[D]. 湛江：广东海洋大学，2021.
[25] 胡蝶．地方农业高校人力资源管理优化研究[D]. 长沙：湖南农业大学，2017.
[26] 邢周凌．高校人力资源管理对组织绩效的影响[D]. 南昌：南昌大学，2009.
[27] 陆瑶．我国高校行政管理的现状与改革探索[D]. 长春：吉林财经大学，2015.
[28] 辛怡．民办高等院校人力资源绩效管理研究[D]. 昆明：云南师范大学，2019.
[29] 张晶．高校教师薪酬管理制度改革研究[D]. 武汉：中南民族大学，2011.
[30] 林平．高校薪酬管理与改革研究[D]. 南京：南京林业大学，2007.